# 中華古籍保護計劃

ZHONG HUA GU JI BAO HU JI HUA CHENG GUO

· 成 果 ·

# 雲南中醫藥大學圖書館藏珍本古籍圖錄

雲南中醫藥大學圖書館　編

國家圖書館出版社

圖書在版編目（CIP）數據

雲南中醫藥大學圖書館藏珍本古籍圖録 / 雲南中醫藥大學
圖書館編. — 北京 : 國家圖書館出版社, 2025.2

ISBN 978-7-5013-7575-2

Ⅰ. ①雲… Ⅱ. ①雲… Ⅲ. ①院校圖書館—古籍—善本—
圖書館目録—昆明 Ⅳ. ①Z822.6

中國國家版本館CIP數據核字（2022）第155157號

書　　名　雲南中醫藥大學圖書館藏珍本古籍圖録
著　　者　雲南中醫藥大學圖書館　編
責任編輯　黄　鑫

出版發行　國家圖書館出版社（北京市西城區文津街7號　　100034　）
　　　　　（原書目文獻出版社　北京圖書館出版社）
　　　　　010-66114536　63802249　nlcpress@nlc.cn（郵購）
網　　址　http://www.nlcpress.com
排　　版　愛圖工作室
印　　裝　北京武英文博科技有限公司
版次印次　2025年2月第1版　2025年2月第1次印刷

開　　本　889×1194　1/16
印　　張　15
書　　號　ISBN 978-7-5013-7575-2
定　　價　300.00圓

# 《雲南中醫藥大學圖書館藏珍本古籍圖録》
# 編委會

# 前　言

中醫藥古籍，它們不僅是書籍，更是中華文明的傳承，是千百年來醫藥智慧的結晶。

雲南中醫藥大學是雲南省目前中醫藥、少數民族醫藥古籍文獻收藏最多、最全的單位，學校圖書館古籍室——滇文軒目前有館藏中醫藥、少數民族醫藥古籍和特色文獻 1.8 萬册，其中入選全國古籍普查登記目録 1425 種 13171 册。在這些古籍中，涵蓋了醫經、本草、方書、醫史、針灸、養生、醫案醫話及臨床等各個領域。館藏不僅擁有《性源廣酮》《徹腾八編》《滇南草本》等珍善典籍，還有許多其他珍貴古籍，總計超過 40 種。這些文獻承載着醫藥智慧的傳承和發展，是中醫藥研究的珍貴資源。

滇文軒同時也收藏了雲南少數民族醫藥特色文獻，其中包括了納西東巴經、傣族貝葉經、彝族畢摩經等，這些文獻代表了雲南豐富的文化多樣性和醫藥傳統，爲讀者提供了更多瞭解和尊重少數民族醫藥的可能。

《雲南中醫藥大學圖書館藏珍本古籍圖録》旨在將這些珍貴文化寶藏呈現給廣大讀者，探討其中蘊含的醫藥智慧和文化價值。希望這本書能够幫助讀者更深入地瞭解中醫藥和雲南的醫藥傳統，同時也感受到文獻珍藏的寶貴性質，它們如何連接歷史與現實，如何爲中醫藥領域的研究和發展提供根基。

古籍文獻是中華優秀傳統文化的重要載體。習近平總書記在中國國家版本館考察時强調：“盛世修文，我們這個時代，國家繁榮、社會平安穩定，有傳承民族文化的意願和能力，要把這件大事辦好。”在此，感謝所有貢獻於雲南中醫藥大學圖書館的單位和師生，以及那些致力於保護和傳承中醫藥、民族醫藥文化的人們。願本書成爲探索和學習的起點，爲中醫藥、民族醫藥的未來繁榮發展貢獻一份微薄的力量。

《雲南中醫藥大學圖書館藏珍本古籍圖録》編委會

2023 年 10 月 1 日

# 凡　例

一、本書收録雲南中醫藥大學圖書館館藏定級在三級乙等及以上的古籍一百零五種。

二、全書按版本年代先後排序，年代時間無法考證者排至該朝代末尾。

三、每部古籍一個條目，由原書書影與文字著録兩部分組成。

四、書影選取能够反映珍貴古籍特徵的書葉，如牌記葉、首卷卷端葉、中醫圖繪葉、藥材圖繪葉、批校題跋葉、裝幀特色葉等。每部選取一至三幀，圖繪精美或特點鮮明的古籍則選取三幀以上書影，依據原書順序排列。

五、文字著録部分包括四个方面：一是古籍信息，包含題名卷數、（朝代）著者、撰著方式、版本、館藏册數等；二是版式，包含書册尺寸、行款、書口、邊欄等；三是作者簡介；四是内容提要。題名據原書著録，其他信息基本使用規範繁體字。

# 目　録

## 清·嘉慶

## 清·道光

## 清·咸豐

## 清·同治

## 清·光緒

## 清·宣統

# 明 · 成化

# 丹溪心法二十四卷

（元）朱震亨撰　明成化十七年（1481）刻本　五冊

書高26.5厘米，廣16.5厘米。半葉十行，行二十字，小字雙行同，白口，單黑魚尾，四周雙邊。

丹溪先生心法卷五

新安吳勉學　校

癰疽八十五

○癰疽只是熱勝血　六陽經六陰經有多氣少血
者有少氣多血者有多氣多血者不可一槩論也若
夫要害處近虛怯薄處前哲已曾論及惟分經之言
未聞諸經惟少陽厥陰經生癰疽理宜預防以其多
氣少血肌肉難長瘡久未合必成死症遽用驅毒利
藥以伐其陰分之血禍不旋踵　陽滯於陰脉浮洪
弦數陰滯於陽脉沉細弱濟陽滯以寒治之陰滯以

丹溪先生心法序

夫驅邪扶正保命全真拯天閼於長年濟疲癃於仁
壽者非資於醫則不能致之美醫之道肇自軒岐論
難靈素出焉降而和緩扁倉神其術至漢張仲景
作傷寒卒病論始製方稱大濟烝民晉王叔和撰次
其書復集脈經全生之術他如華氏剖腹
王氏鍼妖與夫奇才異士間有一節一法取衡於
者亦多非百代可行之活法也駑夫去古愈遠正道
湮微寠寠千載之下尠能繼往開來而尋法於無窮
者宋金間上谷張元素河間劉守真俱以頴特之資

朱震亨（1281—1358），字彥修，婺州義烏（今浙江義烏）人。是金元四大醫學家中“滋陰派”的創始人，因其故居附近有一條小溪，名“丹溪”，後人尊稱其爲“丹溪先生”。

《丹溪心法》是一部綜合性的醫書，係其弟子整理丹溪醫學經驗和生平著述而成。全書分列內、外、婦、兒等多種疾病百篇，比較系統地反映了丹溪“陽常有餘，陰常不足”的學術思想，以及對雜病從“氣血痰瘀”論治的獨到見解。

# 丹溪先生醫書纂要二卷

（元）朱震亨撰 （明）盧和編注 明成化二十年（1484）刻本 一冊

書高27.7厘米，廣16厘米。半葉十行，行二十二字，小字雙行同，白口，雙黑魚尾，四周雙邊。

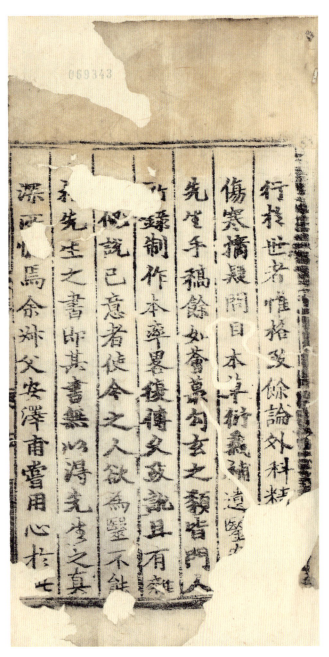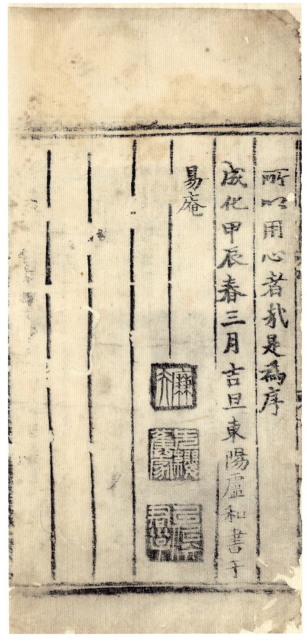

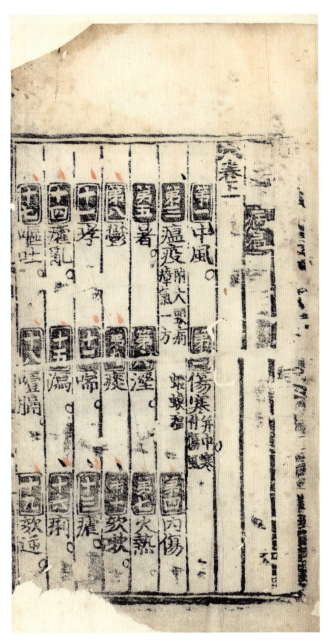

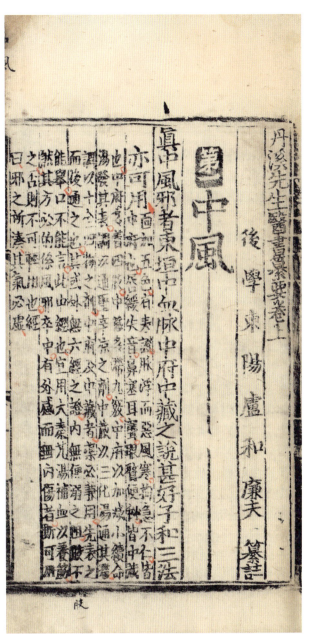

盧和，字廉夫，浙江東陽盧宅（今浙江東陽）人，明代丹溪學派名醫。

《丹溪先生醫書纂要》是一部綜合性的醫書。盧氏根據朱震亨及其門人所編之醫書，結合自身醫學經驗，編成此書。全書收載以内科雜病爲主兼及外感、外傷、婦人小兒等病症共七十八門，論述簡要，方藥治法詳備，附有醫案。

明 · 嘉靖

# 醫學綱目四十卷

（明）樓英撰　明嘉靖四十四年（1565）刻本　三十二冊

書高26.5厘米，廣17.5厘米。半葉十三行，行二十二字，小字雙行同，白口，單黑魚尾，左右雙邊。

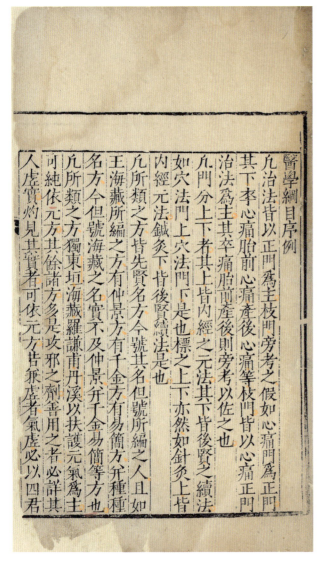

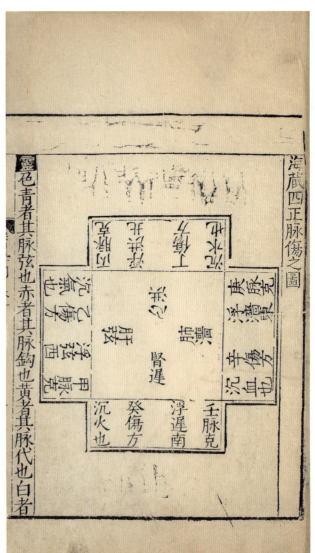

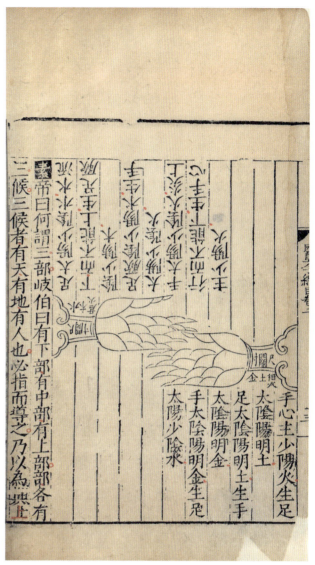

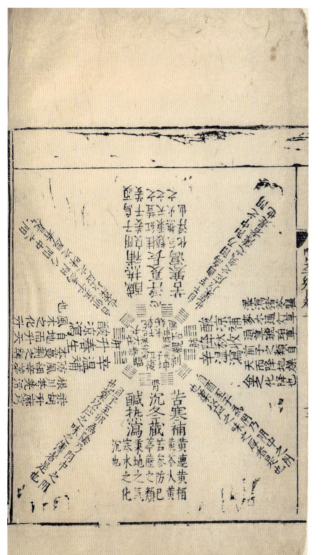

樓英（1320—1389），字全善，一名公爽，號全齋，浙江蕭山（今浙江杭州）人。明代醫家。

《醫學綱目》全書共四十卷，作者以五臟六腑爲綱，各臟腑所屬疾病爲目，所述以內科雜病爲主，兼及外科、婦科、五官科等病症，是一部綜合性醫著。

明 · 隆慶

# 重修政和經史證類備用本草三十卷

（宋）唐慎微撰　　（金）張存惠增訂　　明隆慶六年（1572）金泰和晦明軒刻本　　二十二冊

書高31.5厘米，廣20厘米。半葉十一行，行二十三字，小字雙行同，白口，雙黑魚尾，四周雙邊。

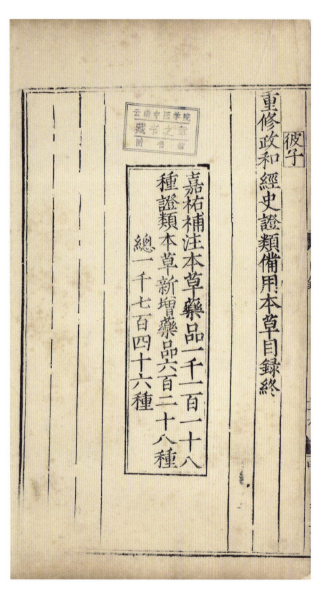

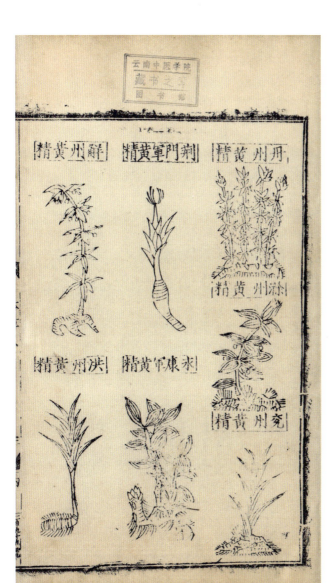

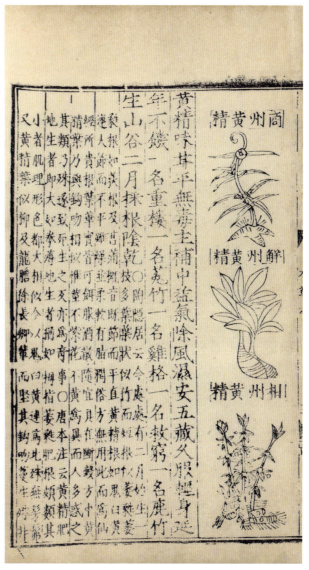

唐慎微（1056—1136），字審元，四川蜀州晉原（今四川崇州）人，宋代著名藥學家。

張存惠（生卒年不詳），字魏卿，山西平陽（今山西臨汾）人，金代出版家，晦明軒主人。

全書三十卷，係張存惠在唐慎微《經史證類備急本草》的基礎上進行增補和修訂而成，共記載藥物一千七百四十六種，附方三千餘首。方藥對照是本書的一大特色。

明·萬曆

# 重刊經史證類大全本草三十一卷

（宋）唐慎微纂　明萬曆五年（1577）尚義堂刻本　十册

書高29.5厘米，廣19厘米。半葉十二行，行二十三字，小字雙行同，白口，單白魚尾，四周單邊。

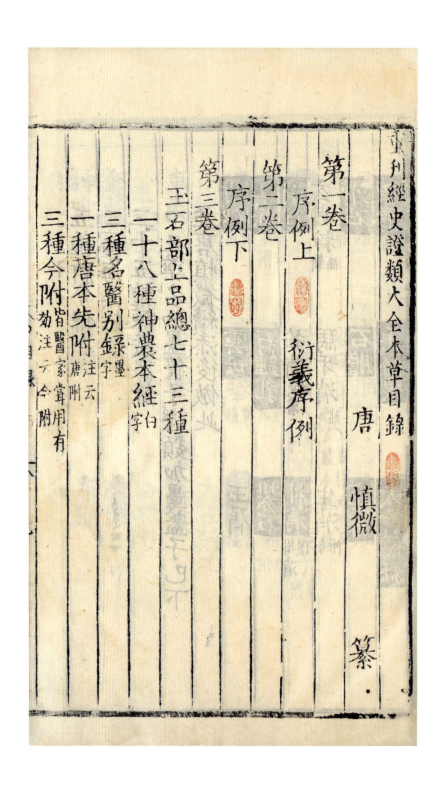

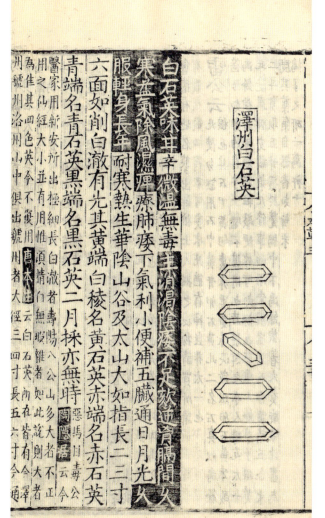

澤州白石英

白石英味甘辛微溫無毒主消渴陰痿不足欬逆胸膈間久寒益氣除風濕痹療肺痿下氣利小便補五臟通日月光人服輕身長年耐寒熱生華陰山谷及太山大如指長二三寸六面如削白澈有光其黃端白稜名黃石英赤端名赤石英青端名青石英黑端名黑石英二月採亦無時

唐本注云白石英所在皆有今澤州虢州洛川山中俱出虢州者大徑三四寸長五六寸今通澤州者為佳其四色英今并出醫家用之惟須精白無瑕雜者為佳其黃赤二色英今亦不見用也

陶隱居云惡馬目毒公

圖經曰白石英生華陰山谷及泰山今澤州虢州洛川山中俱有之大抵長而白澈有光者為勝也

聖惠方

唐慎微（1056—1136），字審元，四川蜀州晋原（今四川崇州）人，宋代著名藥學家。

是書係王秋於明萬曆五年（1577）初刻版本，其原本可追溯至宋代唐慎微撰寫的《經史證類備急本草》（簡稱《證類本草》）。本書在《證類本草》基礎上，根據當時的新發現或認識，增補了藥物種類、圖像或使用方法等內容，對明代乃至後世的中醫藥學發展具有重要參考價值。

# 黃帝內經素問靈樞經註證發微十卷

（明）馬蒔注　明萬曆十四年（1586）集賢堂刻本　十冊

書高26.8厘米，廣16.8厘米。半葉十行，行二十二字，小字雙行同，白口，魚尾，四周雙邊。

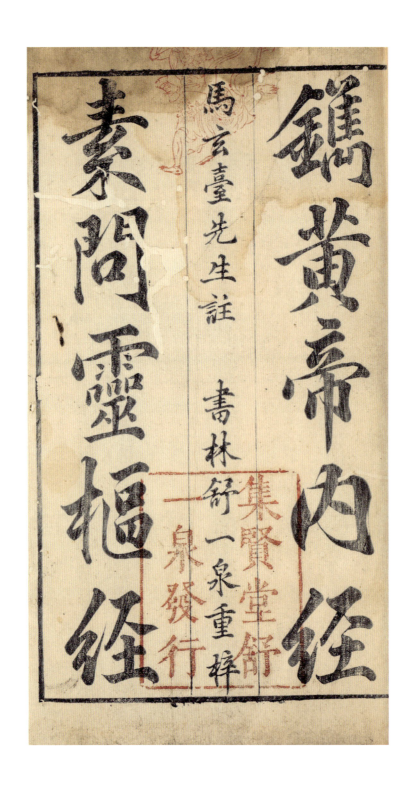

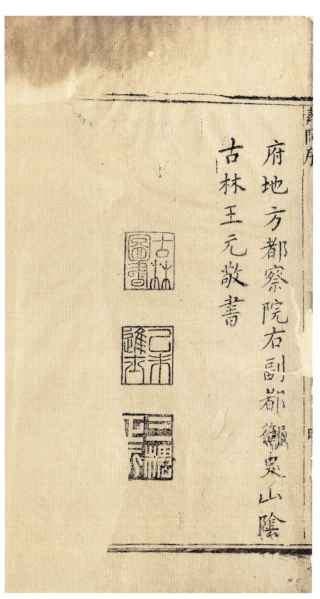

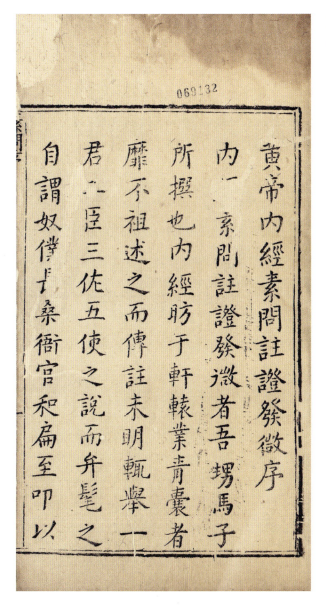

府地方都察院右副都御史山陰

古林王元敬書

黃帝内經素問註證發微序

内、一素問註證發微者吾甥馬子

所撰也内經肪于軒轅業青囊者

靡不祖述之而傳註未明輒舉一

君之臣三佐五使之說而弁髦之

自謂奴僕于桑衛官和扁至叩以

---

馬蒔，字仲化，號玄臺，浙江會稽（今浙江紹興）人。

馬蒔擅長針灸，書中注釋，對經絡穴位部分論述較爲詳細，并附有經絡腧穴圖解。清代爲避康熙皇帝諱，改"玄"爲"元"，故清康熙之後刻本，馬蒔之號均以"元臺"稱之。本書爲舒一泉於明萬曆年間重梓刊行，故其號仍爲"玄臺"，牌記有"集賢堂舒一泉發行"印。

# 遵生八牋二十卷

（明）高濂編　明萬曆十九年（1591）刻本　二十册

書高26.3厘米，廣16.8厘米。半葉九行，行十八字，小字雙行同，上下黑口，雙白魚尾，四周單邊。

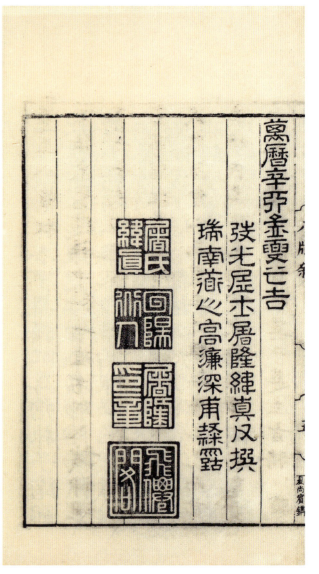

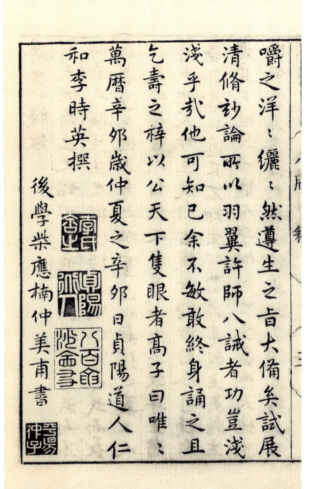

嚼之洋洋纚纚然遵生之旨大備矣試展
清脩妙論所以羽翼許師八誡者功豈淺
淺乎軼他可知已余不敏敢終身誦之且
乞壽之梓以公天下隻眼者高子曰唯
萬曆辛卯歲仲夏之辛卯日貞陽道人仁
和李時英撰
後學崐應楠仲美甫書

遵生八牋叙
不佞束髮探賾中科斗旋陽師八誡神魂
寄之辛未叨一第官欽州去家萬里而遙
島夷猖狂歲坐烽火中調兵即往未勾
漏悠然會心而有生之樂無幾矣已而官
奕鳩氏載疏乞南官冰廳無事閒影息交
日取二藏書眼習之其于遵生旨稍稍窺

　　高濂，字深甫，號瑞南道人，明萬曆年間浙江錢塘（今浙江杭州）人。

　　《遵生八牋》是我國古代的一部重要的養生學專著。高濂幼時曾患眼疾，多方求醫問藥，終得以治愈。於是他博覽醫書，把多年來搜集到的養生要訣及奇方秘藥彙編成此書。全書正文十九卷，目錄一卷，分爲《清修妙論牋》《四時調攝牋》《却病延年牋》《起居安樂牋》《飲饌服食牋》《靈秘丹藥牋》《燕閑清賞牋》《塵外遐舉牋》等八牋。

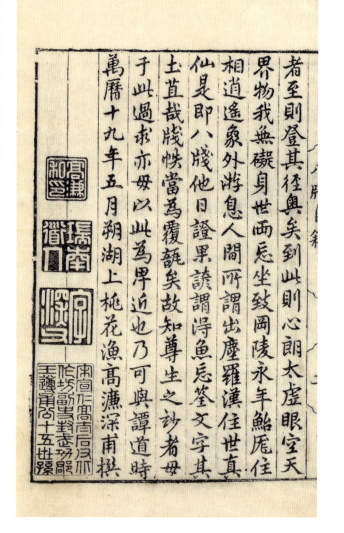

### 尊生八牋敍

自天地有生之始以至我生其機靈自我而不
滅吾人演生生之機俾繼我後亦靈自我而長
存是運天地不息之神靈造化無疆之竅二人
生我之功吾人自住之重義亦大矣故尊生者
尊天地父母生我自古後世繼我自今迺徒自
尊直尊此道耳不知所當尊是輕生矣輕生
者其天地父母罪人乎何以生為哉然天地生
物鈞窮通壽殀於無心俾萬物各得其稟君子

者至則登其徑與矣到此則心朗太虛眼空天
界物我無礙身世而忘坐致岡陵永年鮨厄住
相逍遙象外游息人間所謂出塵羅漢住世真
仙是即八牋他日證果談諧得魚忘筌文字其
土直哉牋悏當為覆瓿矣故知尊生之妙者毋
于此過求亦毋以此為畀近也乃可與譚道時
萬曆十九年五月朔湖上桃花漁高濂深甫撰

今十月節坐功圖

運生陽明五氣

時配足厥陰肝風木

坐功

每日丑寅時正坐一手
按膝一手挽肘左右顧
兩手左右托三五度吐
納叩齒嗽液

治病

胸肠積滯虛勞邪毒腰
痛不可俛仰嘔乾面塵
脫色胸滿嘔送食頭
痛耳無聞頰腫肝逆面
青目赤腫痛兩肠下痛
引小腹四肢滿悶眩胃
目瞳痛

四時周身之十七

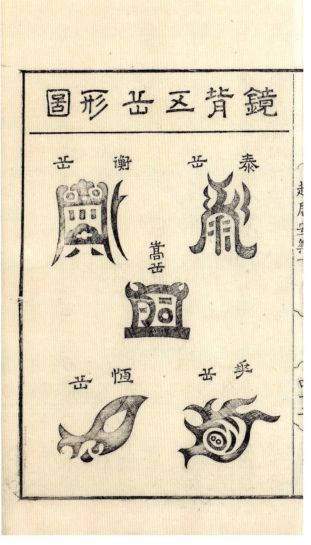

鏡背五岳形圖

泰岳

衡岳

嵩岳

恆岳

嵩岳

# 赤水玄珠三十卷

（明）孫一奎撰　明萬曆二十四年（1596）西泠吳氏刻本　三十冊

書高25.5厘米，廣15.7厘米。半葉九行，行十八字，小字雙行同，白口，單白魚尾，四周單邊

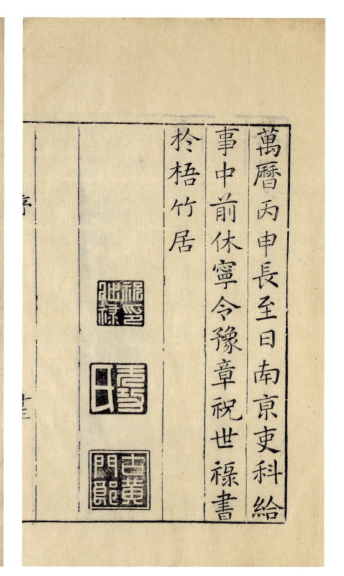

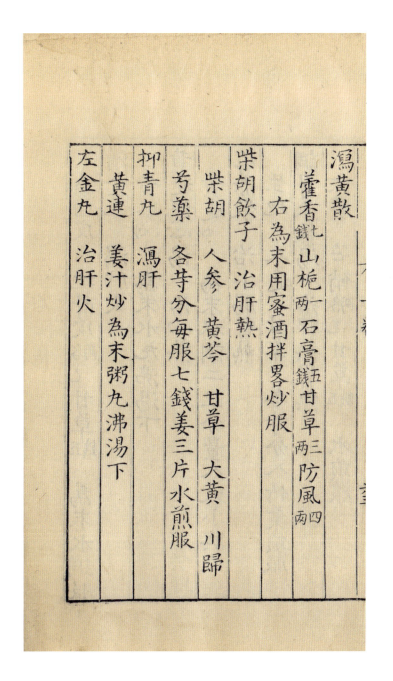

瀉黃散

藿香<sub>七錢</sub>山梔<sub>一兩</sub>石膏<sub>五錢</sub>甘草<sub>三兩</sub>防風<sub>四兩</sub>

右為末用蜜酒拌畧炒服

柴胡飲子 治肝熱

柴胡 人參 黃芩 甘草 大黃 川歸

芍藥 各芐分每服七錢姜三片水煎服

抑青丸 瀉肝

黃連 姜汁炒 為末粥丸沸湯下

左金丸 治肝火

孫一奎（1522—1619），字文垣，號東宿，別號生生子，徽州休寧（今安徽休寧）人。明代著名醫家。

《赤水玄珠》是孫一奎的主要代表作，係其三十年臨床經驗及學術思想之結晶。全書共三十卷，分風門、瘟疫門、火熱門等七十餘門，每門又以病症分列。《赤水玄珠》詳盡地論述了內、外、婦、兒各科常見病、多發病之病因病機，證候表現及治療方法，遣方用藥之思路等。

# 本草綱目五十二卷

（明）李時珍撰　明萬曆二十四年（1596）石渠閣重訂梅墅烟蘿閣刻本　六十冊

書高27.1厘米，廣16.9厘米。半葉九行，行二十字，小字雙行同，白口，單黑魚尾，四周單邊。

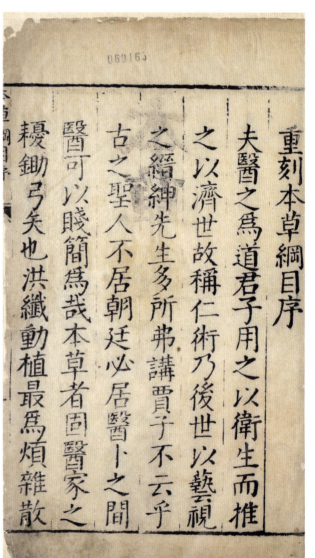

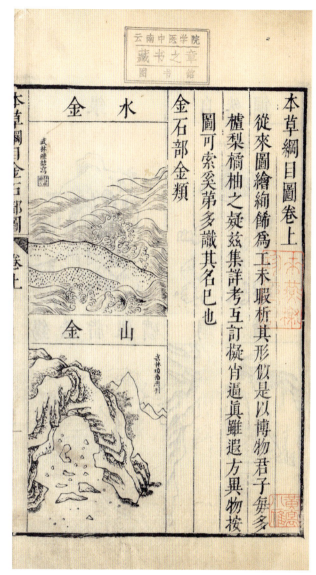

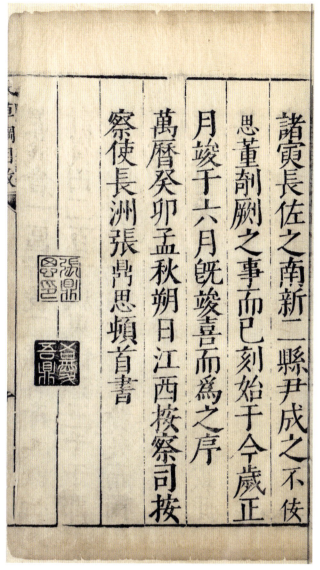

　　李時珍（1518—1593），字東璧，晚號頻湖山人，湖北蘄州（今湖北蘄春）人，明代著名醫藥學家。

　　李時珍以《證類本草》爲藍本，進行了大量的整理和補充，花費近三十年時間編成此書。是書收載藥物一千八百九十二種，附藥圖一千餘幅，闡發藥物的性味、主治、用藥法則、產地、形態、采集、炮製、方劑配伍等，并載附方一萬餘首。《本草綱目》集我國十六世紀之前藥學成就之大成，是一部具有世界性影響力的著作，被國外學者譽爲“東方藥學巨典”。因其影響甚大，被譯成韓、日、英、法、德、拉丁等多種文字的譯本，在世界範圍內廣爲發行。

# 圖像外科啓玄十二卷

（明）申斗垣撰　明萬曆三十三年（1605）三樂齋刻本　四册

書高26.3厘米，廣16.2厘米。半葉十行，行二十字，小字雙行同，白口，單黑魚尾，四周單邊。

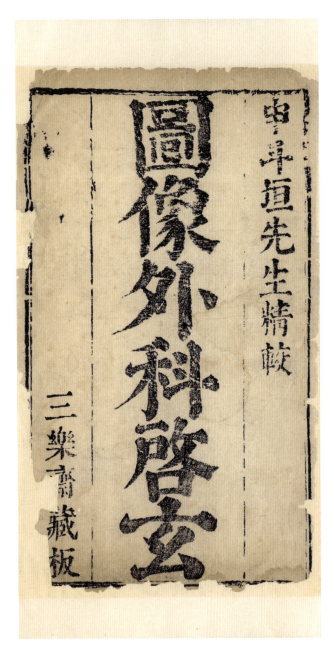

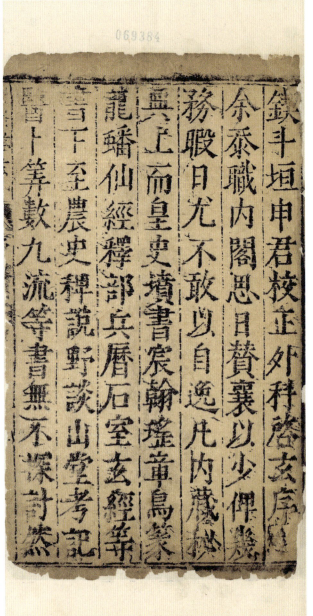

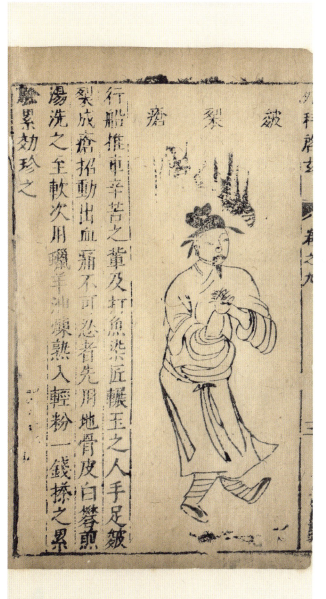

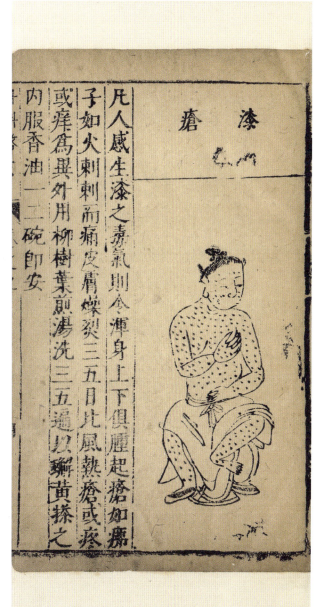

　　申斗垣，字拱宸，明代醫家。畢生精研醫學，在中醫外科方面尤有建樹。

　　全書共十二卷，卷一至三總論瘡瘍的症候、診法及治則，共七十二論；卷四至九爲各論，詳列皮膚病、肛腸疾病、外傷等各類病症二百三十餘種，繪圖二百二十幅；卷十爲"痘科珍寶"；卷十一至十二爲外科應用方劑，收方二百八十餘首。

# 趙氏醫貫六卷

（明）趙獻可著　明萬曆四十五年（1617）毓秀堂刻本　二冊

書高24.5厘米，廣15.7厘米。半葉九行，行十八字，小字雙行同，白口，魚尾，四周單邊。

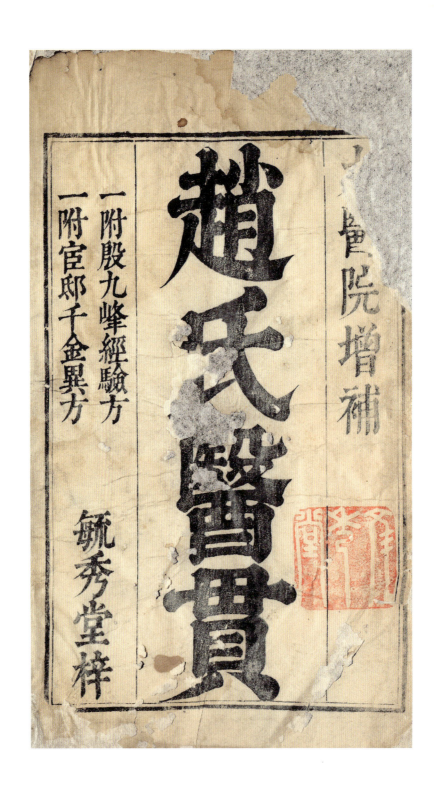

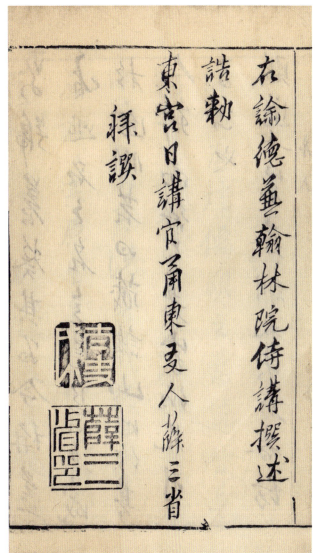

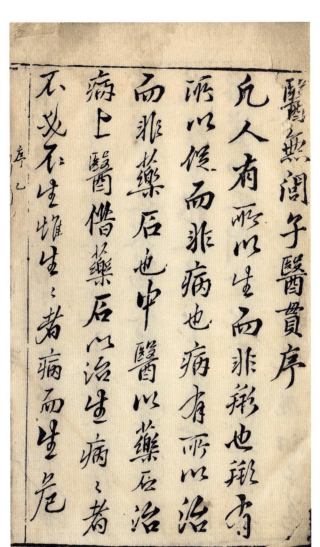

趙獻可（1573—1663），字養葵，自號醫巫閭子，浙江鄞縣（今浙江寧波）人。

作者認爲先天之火乃人生立命之本，養生治療莫不以此理"一經貫之"，以保養"命門之火"貫穿於養生、醫療等論題之中，遂將其書命名爲《醫貫》，爲研究中醫命門學説的重要文獻。

明·天啓

# 鐫尹真人性命圭旨全書四卷

明天啓二年（1622）歙滌玄閣刻本　四册

書高31.4厘米，廣25.2厘米。半葉十一行，行十八字，小字雙行同，無板框魚尾。

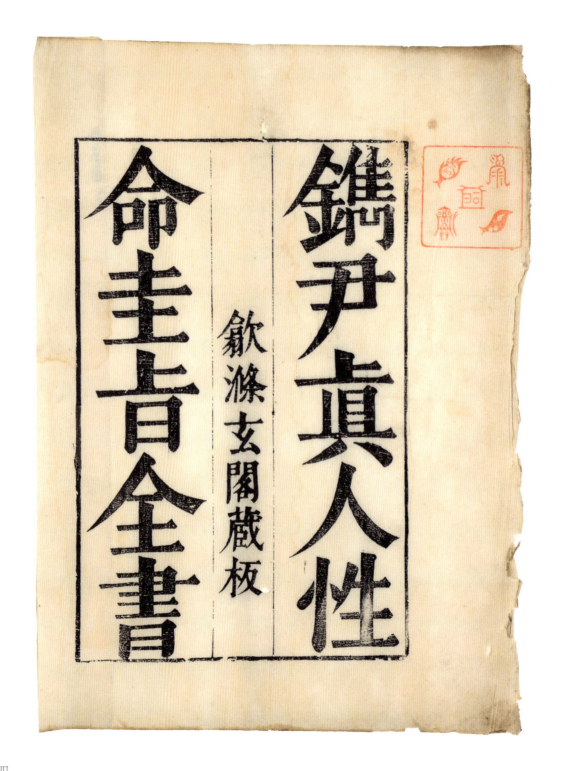

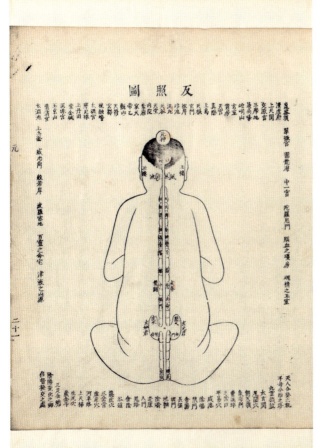

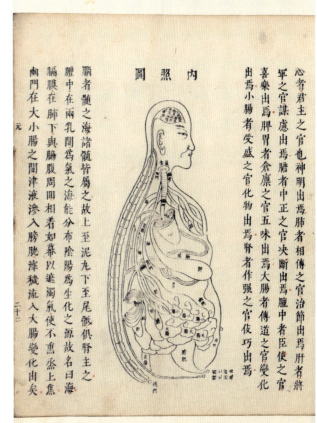

該書作者不詳，爲氣功專著，分元、亨、利、貞四集。全書融彙道、佛、儒各家之說，主張"三教合一"，博采衆長，配有大量氣功導引之圖，繪圖精美，重點闡述道家內丹理論及具體功法。

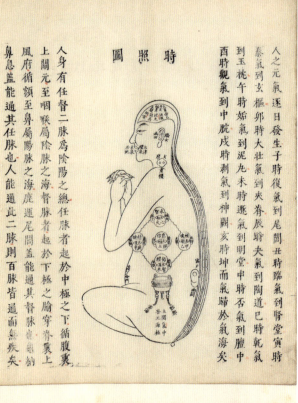

時照圖

人之元氣逐日發生子時復氣到尾閭丑時
泰氣到玄樞卯時大壯氣到夾脊辰時夬氣
到玉枕午時姤氣到泥丸未時遯氣到明堂申氣否氣到膻中
酉時觀氣到中脘戌時剝氣到神闕亥時氣到坤而氣躋於氣海矣

人身有任督二脉為陰陽之總任脉者起於中極之下循腹裏
上關元至咽喉為陰脉之海督脉者起於下極之腧穿脊裏上
風府循額至鼻屬陽脉之海鹿遷尾閭盖能通其督脉也人
鼻息盖能通其任脉也人能通此二脉則百脉皆通而無疾矣

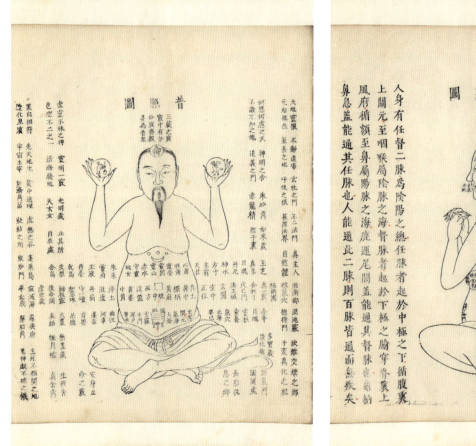

普照圖

三藏之藏
竅中有竅
是為眞息

天地靈根
元始祖炁
神明之舍
不識不知之地

何思何慮之天
黍珠之地
朱砂灣
日魂
丹元
神水

真主人
混地藏
坎離交媾之鄉
自然體

虛靈不昧之神
色窈不二之一
活潑潑地

黑白相符
造化泉藪
思神觀不破之機

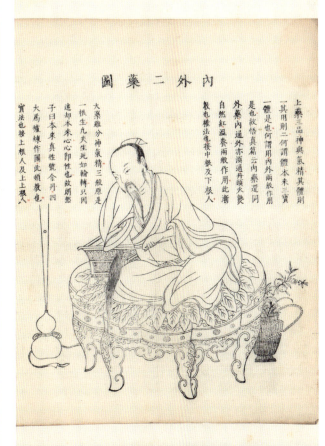

內外二藥圖

上藥三品神與氣精其體則
其用則二何謂體本未三寶
一體是也故謂用內外兩般作用
是也故悟真篇云內藥還同
外藥內通外亦須通丹頭火煅
自然紅溫養兩般作用此漸
教也權法逄接中根及下根人

大藥雖分神氣精三般原是
一根生凡夫生死如輪轉只因
迷却本来心即性也故明然
子曰本来真性號全丹四
大焉爐作圖此頓教也
實法也接上根人及上上根人

內外二藥說

凡脩煉者先脩外藥後脩內藥若高上之士凤植靈
根故不煉外藥便煉內藥無為無不為外藥有
為有以為內藥無形無質而實有外藥有體有用而
實無外藥可以治病內藥可以長生久視內藥可以超越
可以出有入無外藥言之交感之精先要不漏呼吸之氣更要微
微思慮之神貴在安靜以內藥言之煉精者煉元精
抽坎中之元陽也元精固則交感之精自不漏煉
氣者煉元氣坎離合體而復乾元元神
自不出入煉神者煉元神坎離補中之元陰也元氣住則呼吸之氣
疑則思慮之神自然泰定內外兼脩成仙必矣

# 類經十一卷附類經圖翼

（明）張介賓著　明天啓四年（1624）刻本　二十四册

書高24.4厘米，廣15.9厘米。半葉八行，行十八字，小字雙行同，白口，單白魚尾，四周雙邊。

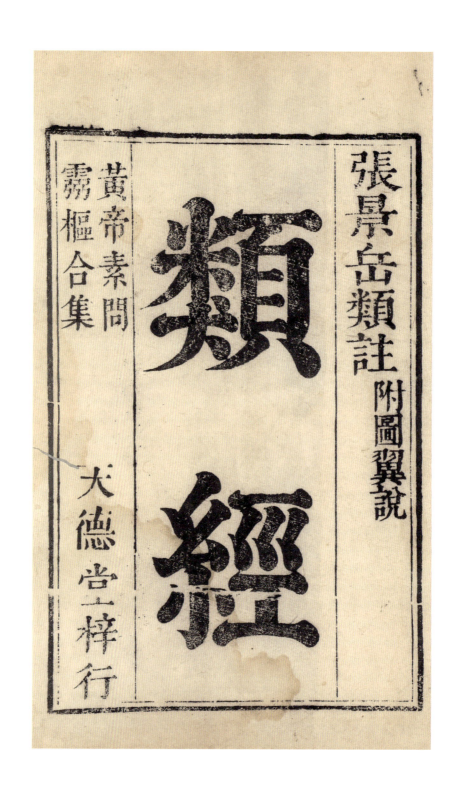

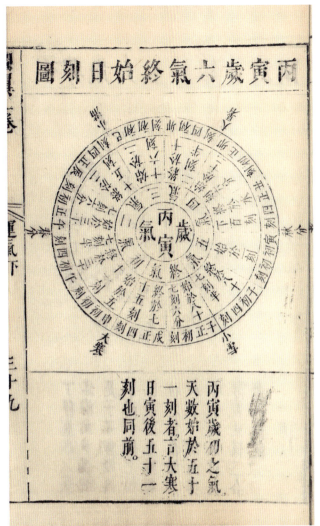

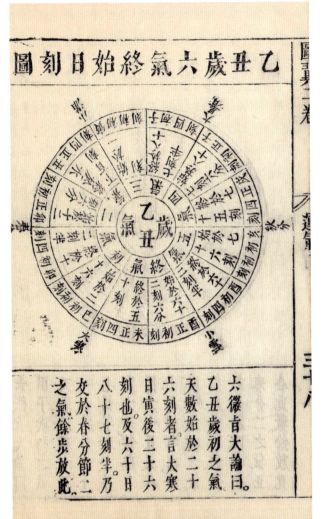

丙寅歲初之氣，天數始於五十一刻者，言大寒日寅後五十一刻也。同前。

六微旨大論曰。

乙丑歲初之氣，天數始於二十六刻者言大寒日寅後三十六刻也及六十日又八十七刻半乃交於春分節二之氣餘步放此。

張介賓（1563—1640），字會卿，號景岳，浙江山陰（今浙江紹興）人。明代著名醫學家，溫補學派的代表人物。

全書共十一卷，以圖解的方式輔助《類經》注文之不足，故名"圖翼"。主要包括運氣（卷一至二）和針灸（卷三至十一）兩部分。前者論述運氣學說，并附圖表，共八十餘篇；後者首論經絡腧穴，次載針灸要穴歌及諸證灸法要穴。意在補充發揮《類經》針灸經穴注釋之未盡。

## 南北政圖

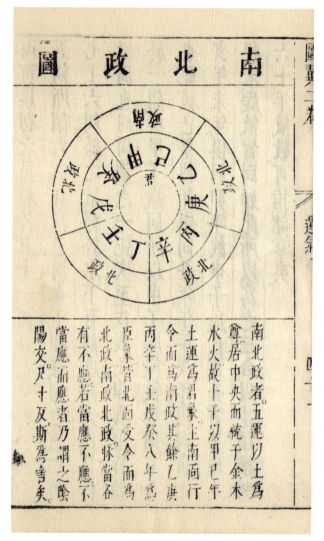

南北政者。五運以土為
尊居中央而統于金木
水火故十干以甲巳午
土運為南政其餘甲庚
令而為南政其餘乙庚
丙辛丁壬戊癸八年為
北政皆北而受令而為
北政南政北政縣當各
有不應而應者乃謂之陰
當應而不應者乃謂之陰
陽交尺寸及斯為害矣

## 南政年脉不應圖

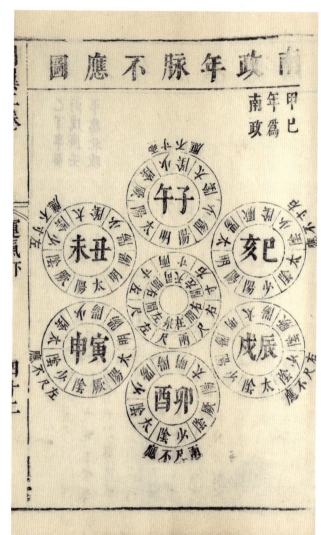

甲
巳
年
為
南
政

# 本草經疏三十卷

（明）繆希雍著　明天啓五年（1625）海虞綠君亭刻本　十二冊

書高24.8厘米，廣17.1厘米。半葉八行，行十八字，白口，無魚尾，四周單邊。

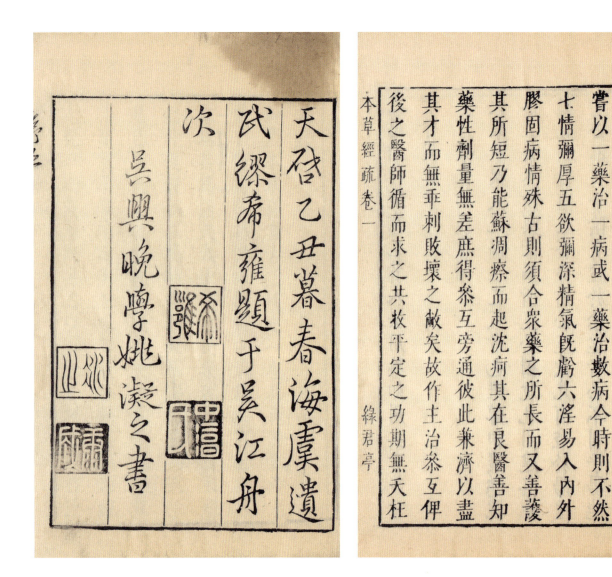

人病生於六淫者多發於七情者寡故其主治

嘗以一藥治一病或一藥治數病今時則不然

七情彌厚五欲彌深精氣既虧六淫易入內外

膠固病情殊古則須合眾藥之所長而又善護

其所短乃能蘇洞療而起沈痾其在良醫善知

藥性劑量無差庶得參互旁通彼此兼濟以盡

其才而無乖刺敗壞之敝矣故作主治參互

後之醫師循而求之共收平定之功期無夭枉

本草經疏卷一

綠君亭

天啟乙丑暮春海虞遺

民繆希雍題于吳江舟

次

吳興晚學姚漣之書

繆希雍（1546—1627），字仲醇，江蘇常熟人。

《本草經疏》依據《神農本草經》，參考《證類本草》，選出了四百九十種藥物，用注疏的形式，對每種藥物的性味歸經、功能主治、配伍禁忌等進行了探討，闡發自己的藥學性味歸經等理論見解。每藥之後增加"主治參互"和"簡誤"兩項內容，旨在糾正前人著作中的錯誤。

明·崇禎

# 醫學入門七卷

（明）李梴編著　明崇禎九年（1636）敦古齋刻本　十六冊

書高25.8厘米，廣17.2厘米。半葉九行，行二十二字，小字雙行同，白口，單黑魚尾，四周單邊雙邊兼有。

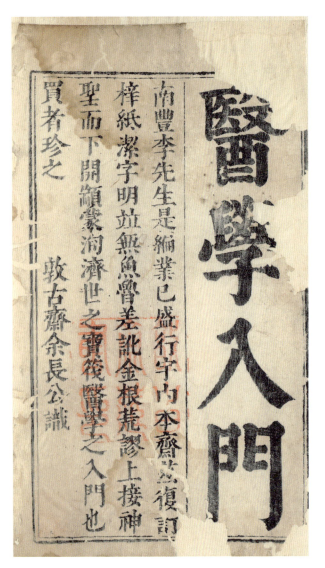

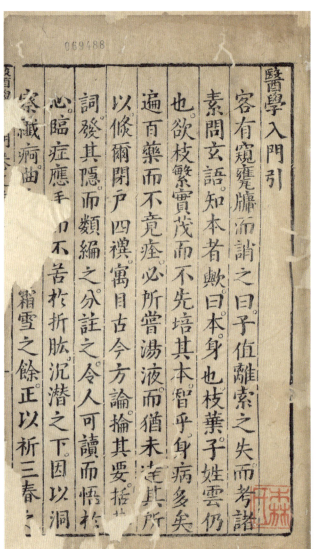

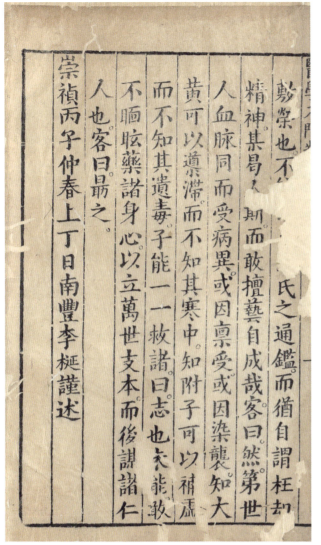
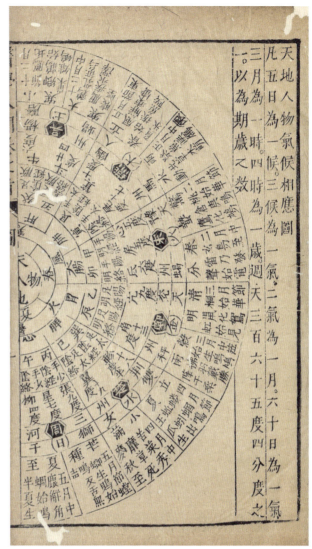

李梴，字建齋，江西南豐人，明代著名儒醫。

　　本書內容涵蓋先天圖說、天地人物氣候相應說、歷代醫學姓氏、保養、經絡、臟腑、診脉、針灸、本草、外感病、內傷病、內科雜病、婦人病、小兒病、外科病、各科用藥及急救方、本草分類等。以歌括形式編撰是本書的一大特色，方便讀者記憶。

# 陶節菴全生集四卷

（明）陶華撰　　（明）朱映璧等校　　明崇禎十三年（1640）刻本　　八册

書高27厘米，廣17.2厘米。半葉十行，行二十二字，白口，單黑魚尾，四周雙邊。

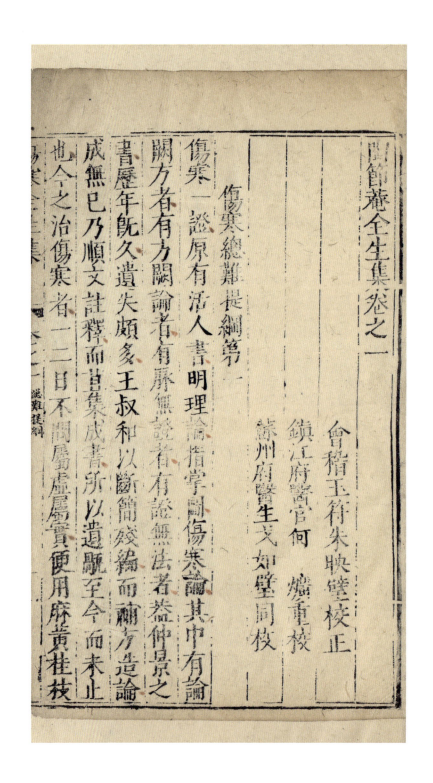

頭疼發熱惡寒身不痛或嘔氣或作酸或惡聞食臭或
吐而不出或吐之而不盡或惡心或痞寒或短氣或膜脹
或胃口作痛或腹中痛或心下痞寒按之則痛則知是飲
食內傷之症若頭疼身熱惡寒拘急惡心中脘痞寒或吐
或嘔或痛或瀉則知是夾食傷寒也若頭疼身熱惡寒微
汗微渴踡卧懶言脅痛骨腿酸疼則知是勞力傷寒也若
身熱惡寒隱隱頭痛嘔咳煩悶脅痛左脈頭疼身熱惡惡
洪滑或寸脈沉伏者則是夾痰傷寒也若
寒脅痛脹滿體痛痛氣鬱不舒左脈緊盛右脈沉者則知是
夾氣傷寒也若心胃脅痛小腹有痛處不移一般頭疼身

傷寒全生集 卷之一 辨症問因察形正名

脉沉實有力爲陽經熱邪傳入少陰標病也脈沉細無力
爲直中本寒証數大無力爲虛陽伏陰其夾陰傷寒陰極發
躁脉皆沉也厥陰病家如言發熱惡寒似瘧狀則知是陽
經熱邪傳入厥陰經標病也若煩熱蒲渴舌卷囊拳消渴舌卷囊
傳標病也若初病起頭不疼口不渴身不熱就便怕寒四
大便不通于足至温午令則知是陽經熱邪傳入厥陰經
肢厥冷或小腹疼痛或吐瀉體痛嘔噦涎沫甚則手
足指甲面唇皆青令過肘膝不温舌卷囊縮則知是厥陰
經直中本病也其脈浮緩爲標微浮微緩不嘔清便自
自愈也沉實有力爲標微細無力或伏絕爲直中也又有

---

陶華（1369—1463），字尚文，號節庵、節庵道人，浙江餘杭（今浙江杭州）人，明代醫家。

本書又名《傷寒全生集》，主要論述了傷寒及溫熱病的各種症狀、病機、診斷和辨證施治原則。書中在疾病標本辨別方面論述獨到，陶華認爲：「然標者，病之梢末；本者，病之根原。先受病謂之本，次受病謂之標，標本相傳，先以治其急者，此良法也。」其重視辨別疾病標本緩急的觀點，對於提高臨床療效大有裨益。

# 春秋胡傳三十卷

（宋）胡安國撰　明汲古閣刻本　六冊

書高24.9厘米，廣15.8厘米。半葉九行，行十七字，小字雙行同，白口，左右雙邊。

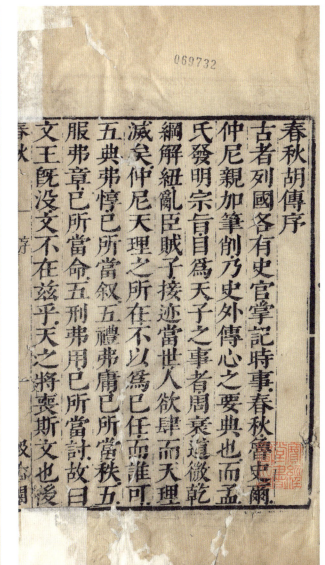

右半葉（春秋胡傳序）：

春秋胡傳序

古者列國各有史官掌記時事。春秋，魯史爾。
仲尼親加筆削，乃史外傳心之要典也。而孟
氏發明宗旨，目為天子之事者。周衰達微，乾
綱解紐，亂臣賊子接迹當世，人欲肆而天理
滅矣。仲尼懼，天理之所在，不以為己任而誰可？
五典弗惇，己所當叙；五禮弗庸，己所當秩；五
服弗章，己所當命；五刑弗用，己所當討。故曰：
文王既沒，文不在茲乎？天之將喪斯文也，後

左半葉（列國世系）：

小邾
曹姓顓頊之後魯莊公五年郳黎來
朝其後附庸而未爵其後數世至儀父
始見春秋

楚
羋姓周成王封其後熊繹於楚子男之
田至熊通自立為武王十九年入春秋
又二世至熊惲是為成王

秦
嬴姓周孝王封伯益之後非子於秦為
附庸至襄公救周有功始列為諸侯
隱公元年襄公卒五世至穆公立文公
而霸

吳
姬姓太王子太伯仲雍之後武王克殷
因封自太伯至壽夢而吳始大隱公又
十四世至壽夢

音註
蚡音汾反　長上聲　中音汝　羋音米

胡安國（1074—1138），字康侯，號青山。宋代著名經學家、湖湘學派創始人之一。

　　胡安國畢生致力於研究《春秋》，於宋室南渡之際而作此書。其旨在借史寄寓愛國之情，但有殊於經旨之處。

# 本草原始八卷

（明）李中立撰　（明）胡景岐注　明抄本　十六冊

書高25.4厘米，廣16.3厘米。半葉九行，行二十四字，小字雙行同，白口，四周單邊。

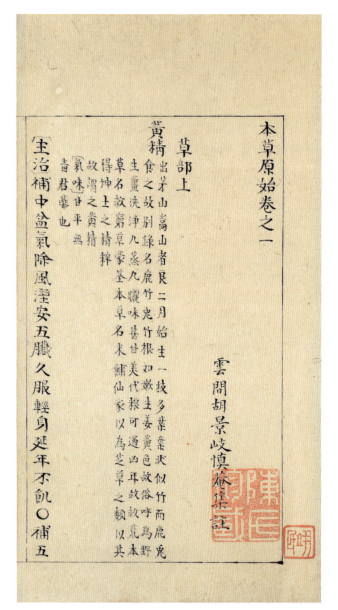

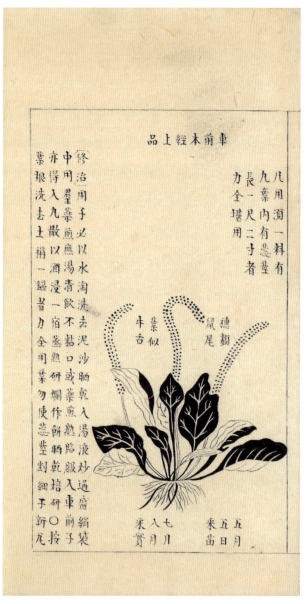

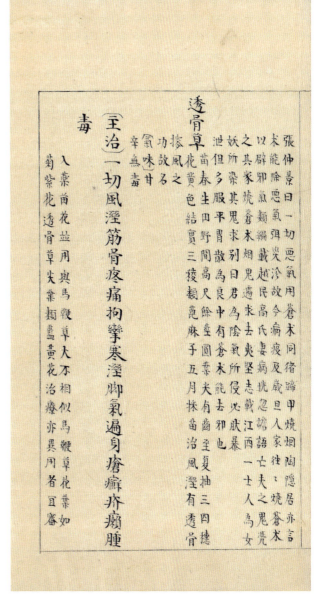

（右頁·透骨草）

張仲景曰一切惡氣用蒼朮同豬蹄甲燒烟陶隱居亦言朮能除惡氣弭災沴故今病疫及歲旦以辟疫氣而燔蒼朮辟瘟氣越民妻病痧忍語其家燒蒼朮烟遍求去夷堅志載江西一士夫之鬼求去邪也士夫人為女泄但多服之日中有蒼朮能去邪也

妖之苗青春生田野間高尺餘叢生至夏抽三四穗苗至五月挑三四穗苗治風溼有透骨

透骨草花黄色結實三稜顆蓖麻子

【氣味】甘辛無毒

功故名之 搔風

【主治】一切風溼筋骨疼痛拘攣寒溼脚氣遍身瘡癬疥癩腫

毒

入葯苗花益用與馬鞭草大不相似馬鞭草花葉如菊紫花透骨草尖葉翅盡黄花治瘡亦異用者宜審

（左頁）

透骨草 新增

莖葉俱青高一二尺

乾透骨草紫不顯碧齒

晉濟方治及胃吐食各一戴姜一片水頭空心服其生坩齋經驗方治一切腫毒初起用透骨草獨科蒼耳揚誠齋經驗方治一切腫毒初起用透骨草漏蘆防風地揄各等分煎湯淋腫初起用透骨草二三日即消

茈胡

尺餘硬者如柴色白花淡青色故名菜硬者為勝故名山菜未普本草為蔚故根名柴胡又名山菜胡且又一說出普菜而為蔚故根名柴胡又名山菜苗其苗嫩時可茹故別錄名芸蒿吳

李中立，河南雍丘（今河南杞县）人。明代醫家，精於本草。

館藏爲明抄本，收集藥物四百五十餘種，藥物圖繪精美，爲李中立根據實物親手所畫，共計三百七十餘幅。每味藥以小字記其產地、形態、氣味和采摘、修治之法，以大字述其主治。是書對易混淆的中藥品種詳加考察鑒別，於後世之中藥學、中藥鑒別影響頗深。

# 新刊外科正宗四卷

（明）陳實功纂著　明刻本　四册

書高27.3厘米，廣17.5厘米。半葉十行，行二十二字，小字雙行同，白口，單黑魚尾，四周單邊

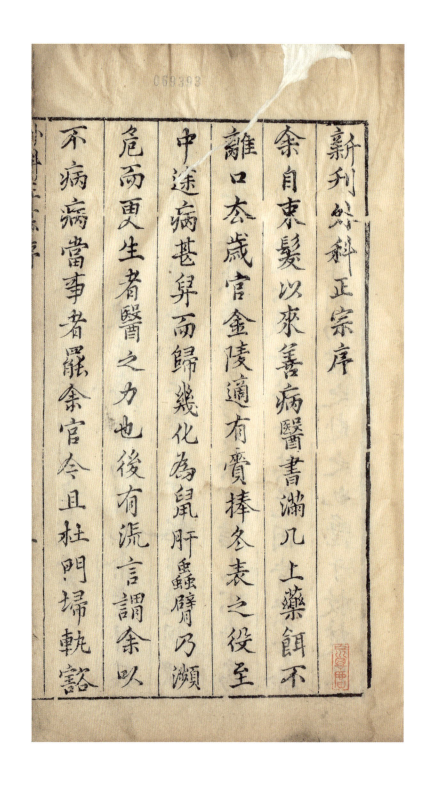

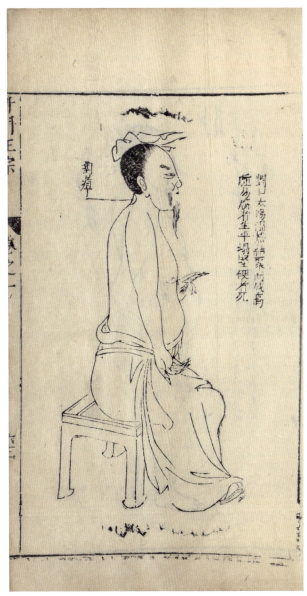

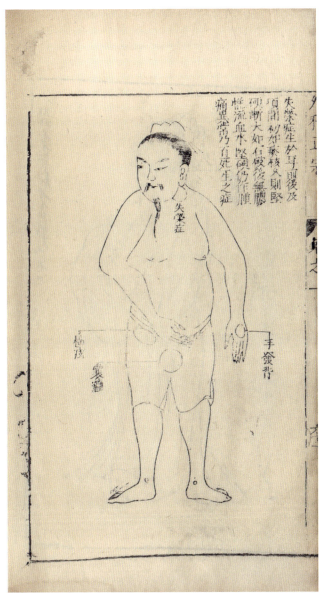

　　陳實功（1555—1636），字毓仁，號若虛，江蘇東海（今江蘇南通）人，明代醫家。陳實功從事外科四十餘載，積纍了豐富的外科治療經驗，故著此書，創中醫外科三大學派之"正宗派"。

　　全書共四卷，卷一總論外科疾病之病因病理、診治調養、預兆吉凶，并載方五十六首，附圖三十六幅以示瘡瘍診治之總概。後三卷從概念病機、分型症狀、治法方藥及驗案等諸方面詳述外科各病百二十餘種，其論之詳，被後世評作"列證最詳，論治最精"。

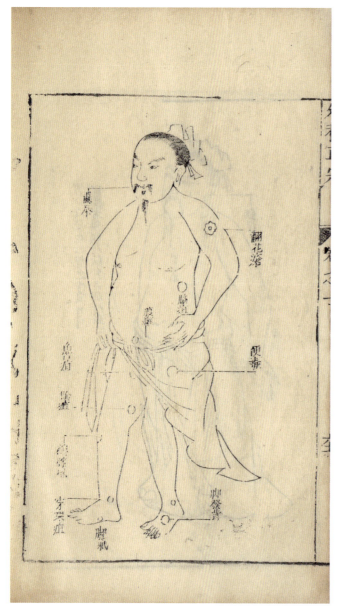

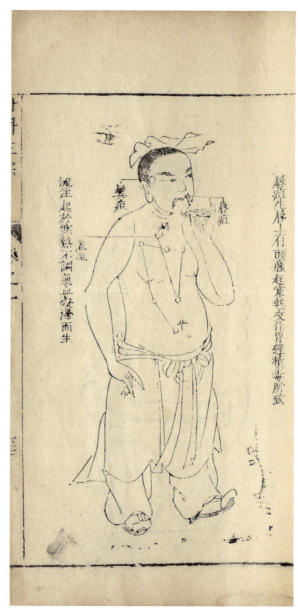

清・順治

# 醫門法律二十四卷

（清）喻昌著　清順治十五年（1658）刻本　八冊

書高22.9厘米，廣15.3厘米。半葉十行，行二十字，小字雙行同，白口，單黑魚尾，左右雙邊。

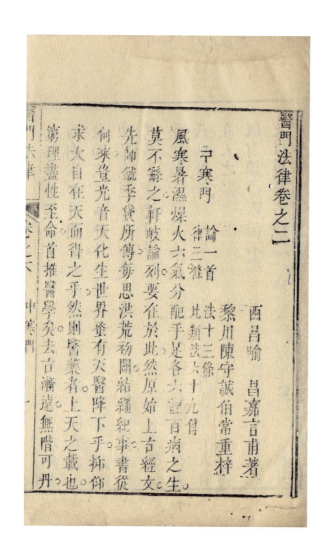

喻昌（1585—1664），字嘉言，號西昌老人，江西新建（今江西南昌）人。喻昌言"醫者苦病之毫厘千里，動罹顛蹶。方難憑，脉難憑，師傳難憑，而以人之身命爲嘗試"，故著此書。

全書六卷，卷一闡四診之要及《内經》《傷寒》證治法則；卷二至六以外感六淫及内傷雜症分門論述各類疾病的證治。於每門分論、法、律三項，"論"即總論病證，分析病因病理；"法"即治療法則；"律"則指出醫家臨證失治。其中諸如"逆流挽舟""急開支河"等法論述透徹，不乏高見。

清·康熙

# 改良士材三書八卷

（明）李中梓著　清末上海掃葉山房石印康熙六年（1667）刻本　四册

書高19.9厘米，廣13.3厘米。半葉十九行，行四十二字，小字雙行同，白口，單黑魚尾，四周雙邊。

李中梓（1588—1655），字士材，號念莪，又號盡凡，明末清初著名醫學家。

　　本書收有李中梓所著《診家正眼》《本草通玄》《病機沙篆》三種，分述審脉、辨藥及治法，并附尤乘《壽世青編》一種。其中《診家正眼》上卷多輯自《内經》、《難經》、滑壽、丹溪之説，又有十篇爲尤乘所增，而"因形氣以定診"一篇則轉載自《醫宗必讀》；下卷論脉，主釋二十八脉，頗有創見。《本草通玄》對前人之説有所增益，説理多從實際出發。所輯藥物分部亦與《醫宗必讀·本草徵要》大致相同。《病機沙篆》以詳述内科雜病之證治爲主，共四十五種，所論病證不載醫案、不設方藥，但列針方。

# 痧脹玉衡全書三卷

（清）郭志邃著　清康熙十四年（1675）有義堂刻本　四冊

書高24.5厘米，廣15.7厘米。半葉九行，行二十字，白口，單黑魚尾，左右雙邊。

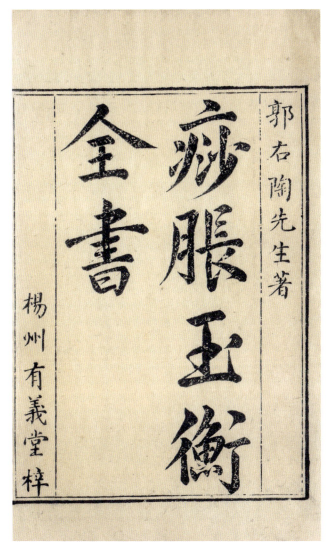

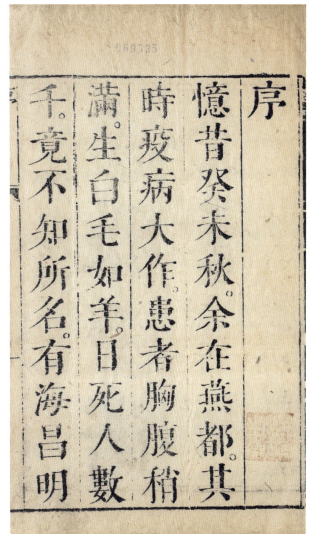

序

憶昔癸未秋。余在燕都。其
時疫病大作。患者胸腹稍
滿。生白毛如羊。日死人數
千。竟不知所名。有海昌明

郭右陶先生著

痧脹玉衡全書

楊州有義堂梓

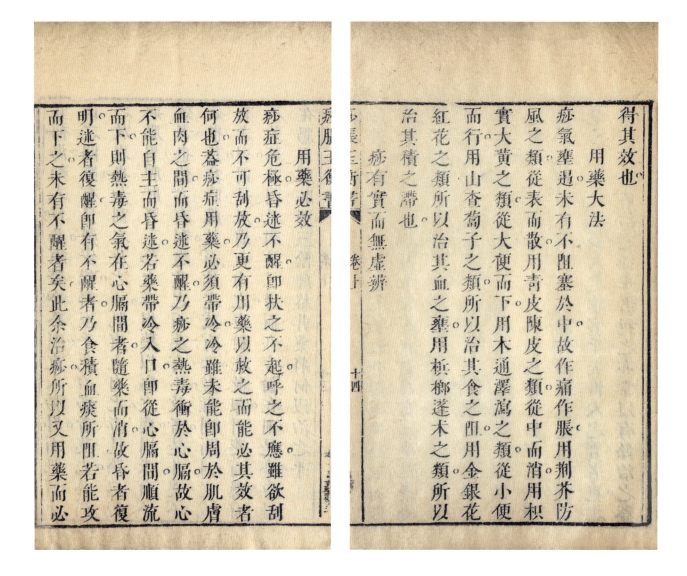

郭志邃，字右陶，清代浙江檇李（今浙江嘉興）人。

　　本書爲系統論治痧症的專著，全書三卷。卷上列"痧症發蒙論""玉衡要語""玉衡脈法"等篇，總論痧症之病因病機、證候表現、診斷及放痧方法。在其他病症兼痧及痧症脈象之鑒別方面着墨較多。卷中共載痧證四十五種，并結合醫案闡述各種痧症的病因、證候、脉象、治驗等。卷下列"備用要方"，載治痧方六十四首；"藥性便覽"，載治痧藥物九十餘種。

# 墨寶齋集驗方二卷

（明）鄭澤輯　清康熙十七年（1678）刻本　一册

書高26.5厘米，廣16.9厘米。半葉十行，行二十四字，小字雙行同，白口，單白魚尾，四周單邊。

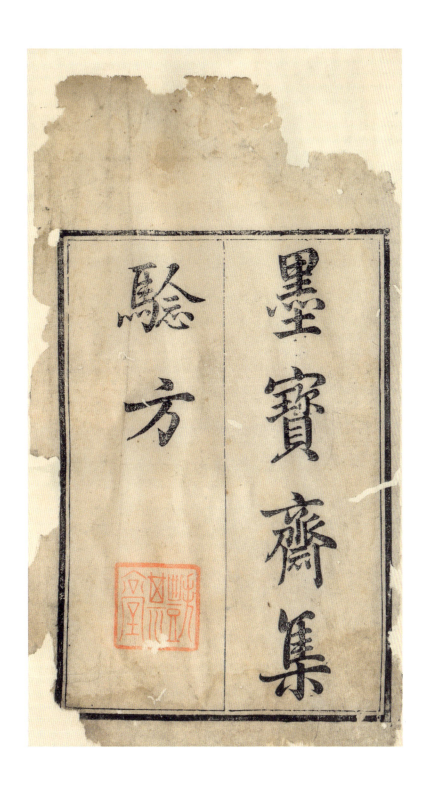

婦人門

調經煖宮方
治婦女經血不調久不受孕服之令人懷姙累有奇効

秦艽　一両去蘆
精墨　五錢燒
澤蘭葉　一両五錢酒浸
茯苓　五錢
人參　一両
石斛　一両去根酒浸
桂枝　少許
山藥　四錢
牡丹皮　一両
蚕帒　一両燒灰
糯米　半合
大豆卷　四両
香附　一両去毛炒
川椒　四錢炒
川芎　一両
懷熟地　二両
當歸　二両

右為細末煉蜜為丸梧桐子大空心好酒或一杯入滾湯下

調經種子方

當歸　三両酒洗
川芎　二両
懷生地　三両酒洗
芍藥　二両微炒

憑出查再磨盡如澄水粉樣待澄清搬去清水將藥粉晒
乾細末各一両

白茯苓　去粗皮為末四両
地骨皮　去骨無灰酒浸一日為細末一両

右九味俱為細末用無疾好婦人養男子的好乳汁六十両煉
蜜為丸如梧子大每服用無灰好酒送下五六十九晨昏各
進一服忌諸般血豆腐蘿蔔大蒜蓮蓬歌血之物

人參圓水丸　清金補水養血滋陰　或為膏用亦可
天冬去心　麥冬去心　生地　熟地俱用懷慶者各二両四人參去蘆一両
右為末煉蜜為丸如梧桐子大每服八九十九空心白湯送下

鄭澤，號夢圜居士，明代人。

本書係一部經驗方集，所收方劑，涵蓋內科、婦科、兒科、五官、男科、皮膚、肛腸等疾病，對於暸解和學習古代經驗方具有較大的參考價值。

# 石室秘籙六卷

（清）陳士鐸撰　清康熙二十八年（1689）本澄堂刻本　六册

書高27.9厘米，廣16.3厘米。半葉十行，行二十五字，小字雙行同，白口，單黑魚尾，四周單邊。

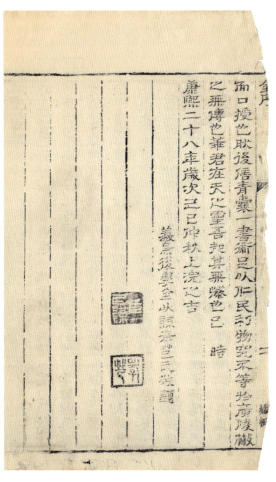

陳士鐸，字敬之，號遠公，別號朱華子，又號蓮公，自號大雅堂主人，浙江山陰（今浙江紹興）人。著有《外經微言》《本草新編》《石室秘籙》《辨證録》《洞天奧旨》等，其中又以《石室秘籙》最具盛名。

是書是一部主要論述治法的著作，共六卷，列一百二十八法，載方五百餘首，其中大多爲作者自裁。闡述内、外、婦、兒、五官等百餘種疾病的治法。依次分爲禮、樂、射、御、書、數六集，各集之中又以治法爲目，於證治之法研究有較大意義。

# 性源廣嗣六卷

（清）王宏翰著　清康熙三十年（1691）刻本　一册

書高25.5厘米，廣16.8厘米。半葉九行，行二十一字，小字雙行同，白口，單黑魚尾，左右雙邊。

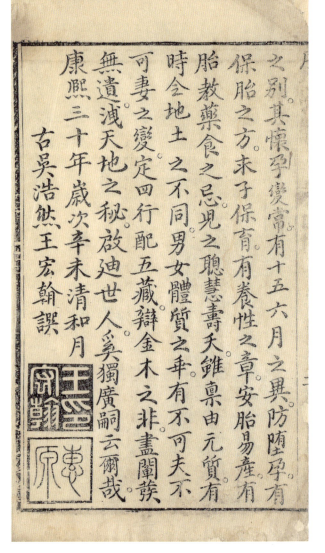

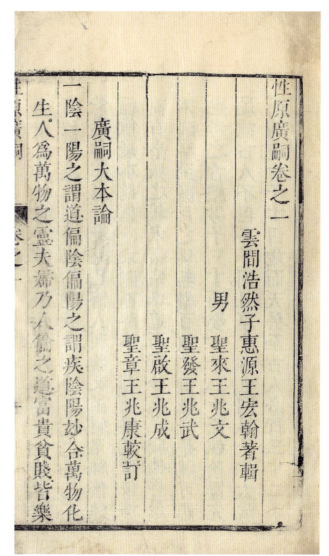

性原廣嗣卷之一

雲間浩然子惠源王宏翰著輯

男 聖來王兆文
聖發王兆武
聖啟王兆成
聖章王兆康較訂

廣嗣大本論

一陰一陽之謂道偏陰偏陽之謂疾陰陽玅合萬物化生人為萬物之靈夫婦乃人倫之道富貴貧賤皆樂

　　王宏翰（1648—1700），字惠原，號浩然子，松江華亭（今上海）人。少隨父習醫，又喜好天文、格物性命之學，博通經史。現有《醫學原始》《性原廣嗣》尚存。

　　全書六卷二十五篇，載方九十三首。上承《內經》，旁采李東垣、朱震亨、李時珍等諸論，又彙西學之解剖、生理之説，於性學發揮卓著，闡明了房事禁忌、孕期胎教的必要，并提出無子當責之男女雙方的觀點，時人陳阜庵有評"自古名醫著述，真汗牛充棟，從未講究性學之原，先生親宗理而精醫，所論皆超出前人"。

而後娉娶者可見眞陰之難成而養之必欲其固也

今時之人未十六而禦女未十四而嫁婦眞陰蚤泄

未完而傷未足而洩是以今人不但艱子而且壽不

如古也然女子天癸既通踰十年無男子合則不調

未踰十年思男子合亦不調或舊血不出新血

誤行或漬而入骨或變而爲腫後雖合而難子合多

則瀝枯虛人產衆則血枯殺人或有好瀦之人借求

嗣之名多畜姜媵以恣洗樂致使腎水虧耗化源先

損不但反致覆宗絕嗣而損德積孽或命致天枉者

性原續嗣　　卷之一

生子也若艱育之嗣寧不惻然而痛哉但世情早嗣

者以爲慶未嗣者以爲變若求嗣而不求之於己不

能忠孝慈惠修身克已濟人利物反詔諂鬼神佞佛

經僣棄本逆施欲求嗣而終不一獲猶梁武帝侫佛

而有臺城之報宋徽宗奉道而有沙漠之禍偺昏愚

不醒卒至萬戶之侯無繼百畝之田無宗是誠可悲

也考之古禮男子三十而娶女子二十而嫁陰陽完

足故古人不但多子而且享上壽也謂男子十六歲

而精通女子十四歲而天癸至古人必待三十二十

## 删註脈訣規正二卷

（清）沈鏡删注　清康熙三十二年（1693）善成堂刻本　一册

書高23厘米，廣15.25厘米。半葉十行，行二十四字，小字雙行同，白口，單黑魚尾，四周雙邊左右
雙邊兼有。

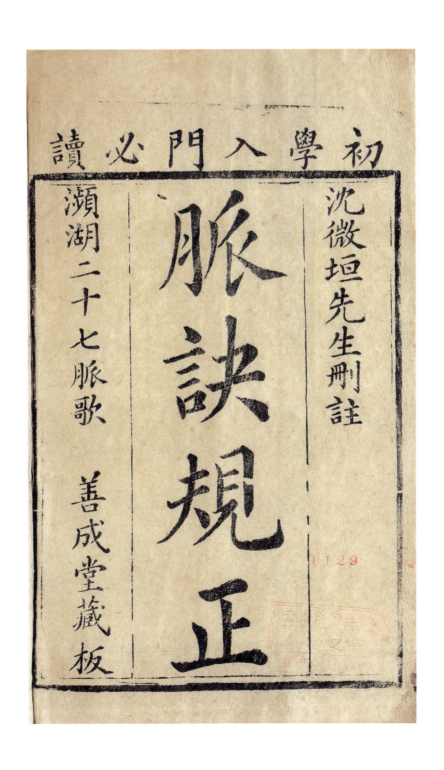

## 膻中包絡辯

其於週身灌體和内調外榮左養右導上宣下莫不由此而運
用之故診脉入式歌云三焦位居上下中自在胸腹皆相應
者運動週流不息之謂也

包絡者包心之絡也内經十二官有膻中無包絡十二
經有包絡無膻中靈樞叙經絡篇内亦有包絡無膻中
然曰動則喜笑不休正與十二官内喜樂出焉相合豈
非包絡即膻中即膻中即包絡乎況十二經絡内包絡凡
九穴左右十八穴起天池而終中衝是内有臟腑外有
經絡之可據不知古人設兩名色何也後之學者當從
包絡爲是

## 五臟生成

心臟丁火也　屬南方　司離位　火主夏成生於七二　其臟神　惡熱　開於舌　其華髮　其臭焦　顏味主苦色本赤　於生血　泰液化爲汗　手少陰經　手太陽小腸爲之府　爲丙火　爲君主之官

肝臟乙木也　屬東方　司震位　木主春又生於八三　其臟魂　惡風　開於目　其華爪　其臭臊　顏味主酸色本青　於藏血　風化於淚　足厥陰經　足少陽膽經爲之府　爲甲木　爲將軍之官

肺臟辛金也　屬西方　司兌位　金主秋成於九四　其臟魄　惡寒　開於鼻　其華毛　其臭腥　顏味主辛色本白　於主氣　燥化於涕　手太陰經　手陽明大腸爲之府　爲庚金　爲傳道之官

沈鏡，字微垣，號中和主人，河北瀛津（今河北河間）人，清代醫家。

本書爲康熙三十二年善成堂刻本，據高陽生《脉訣》予以刪訂加注，并繪製圖表以明晰經旨。全書二卷，上卷補入内景真傳圖説、臟腑十二官、四時五臟平脉、邪脉圖、背部五臟之腧圖説等，并采集《内經》《難經》及諸家精粹加以注解；下卷摘録《瀕湖脉學》、奇經八脉脉病歌、婦人脉、小兒脉及常見危重脉象，另附小兒面部圖及小兒虎口三關脉圖，并述及色診、聞診與脉診相參的臨床意義等。

## 命門圖

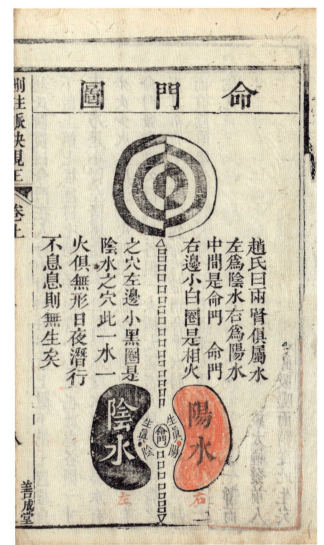

趙氏曰兩腎俱屬水
左爲陰水右爲陽水
中間是命門
右邊小白圈是相火
之穴左邊小黑圈是
陰水之穴此一水一
火俱無形日夜潛行
不息則無生矣

## 惡色味之圖

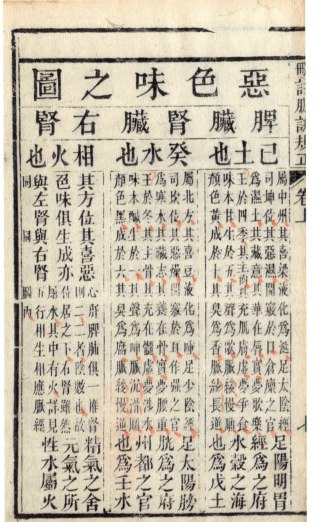

### 脾臟已土也
屬中州其喜梁液化爲涎足太陰脾經
司坤位其惡濕開竅於口倉廩之官水穀之海也
土王於四季其藏意其華在唇實夢歌樂虛夢爭食
顏色黃王生於五其主肌肉脈緩順也逆爲戊土

### 腎臟癸水也
屬北方其喜豆液化於唾足少陰腎經足太陽膀
司坎位其惡燥開竅於二陰足少陰腎經足太陽膀
王於冬其藏志其養在骨髓實夢腰脊兩水都之官
味木生於六其主骨充在髓虛夢沉滑也逆爲壬水

### 右腎相火也
其方位其喜惡則心腎胛腑俱一唯腎雖然故元氣之所
與左腎與右腎同居水之中有火詳見性水屬火
色味俱生成亦屬五行於州生相應脈經精氣之舍
也與左腎與右腎同內居之下右腎雖然故元氣之所

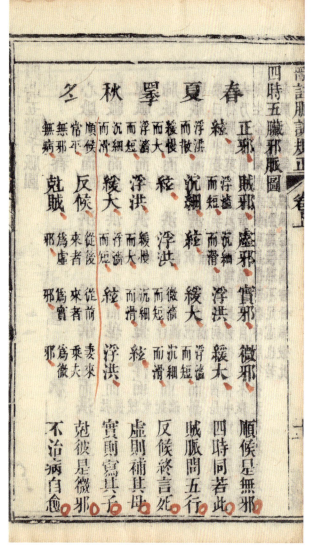

四時五臟邪脈圖
醫訣脈理規正　卷上

| | 正邪 | 賊邪 | 虛邪 | 實邪 | 微邪 | |
|---|---|---|---|---|---|---|
| 春 | 絃 | 絃而緩滑 | 浮洪 | 緩大 | 絃 | 順候是無邪 |
| 夏暑 | 而浮洪 | 浮洪 | 緩大 | 而浮濇 | 絃 | 四時同若此 |
| 秋 | 沉細 | 緩大 | 而沉細 | 微濇 | 而沉細而短 | 賊脈問五行 |
| 冬 | 而緩慢 | 而短 | 而沉濇 | 而沉細而滑 | 絃 | 反候終言死 |
| | 而浮大 | 緩大 | 浮洪 | 緩大 | 浮洪 | 虛則補其母 |
| | 而沉細 | 反候 | 而短 | 從前 | 妻夫 | 實則寫其子 |
| | 順候 | 從後 | 來者 | 來者 | 乘夫來 | 剋彼是微邪 |
| | 無常平邪 | 剋賊 | 緩大 | 反候 | 邪為微 | 不治病自愈 |
| | 無病無邪 | 反候 | 邪為虛 | 邪為實 | | |

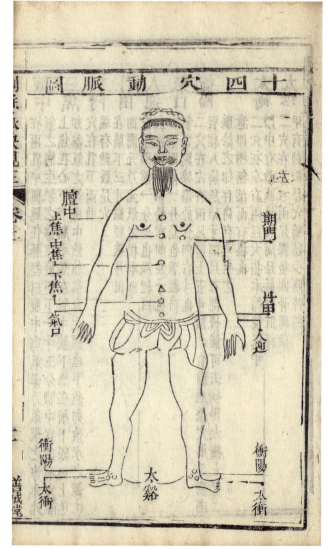

十四穴動脈圖

膻中
上焦　中焦　下焦　氣口
期門
寸口　人迎
衝陽　太衝
太谿

# 張氏醫通十六卷

（清）張璐纂　（清）張登等校　清康熙三十四年（1695）同德堂刻本　存十二冊
書高17.7厘米，廣11.4厘米。半葉十一行，行二十字，白口，單黑魚尾，四周單邊。

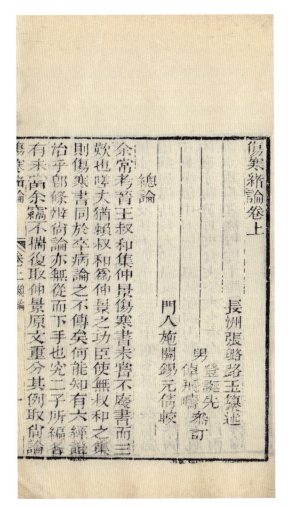
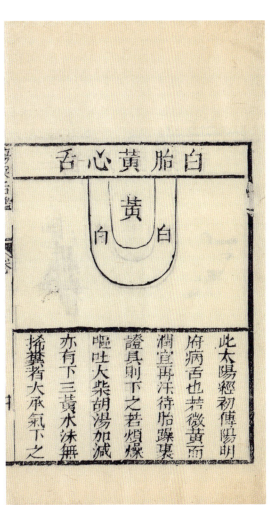

張璐（1617—1699），字路玉，晚號石頑老人，江南長州（今江蘇蘇州）人。張璐與喻昌、吳謙齊名，被稱爲清初三大醫家之一。

《張氏醫通》係一部以論治雜病爲主的綜合性醫著，爲張璐學術思想的代表性著作。是書按內、外、婦、兒、五官分科論述疾病證治，并附驗案。本書以病集方，對疾病的論治頗有新見，方解及組方配伍辨析詳實。

# 楊椒山先生集四卷

（明）楊繼盛撰　清康熙三十七年（1698）刻本　二冊
書高25.3厘米，廣14.7厘米，半葉十行，行二十字，上下黑口，雙黑魚尾，四周單邊。

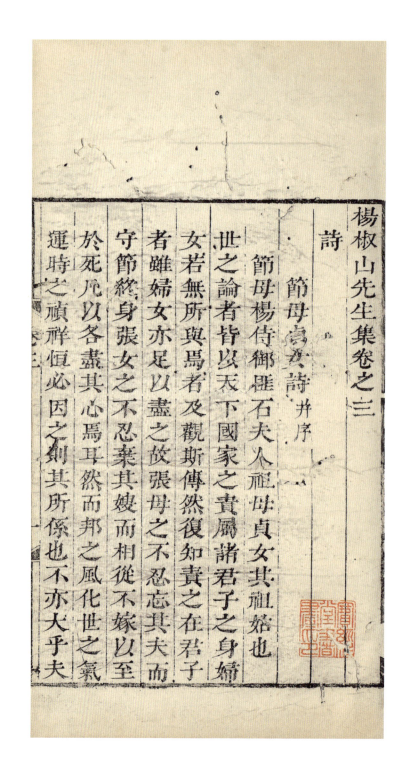

材休爲花神滯野聖花落結實謂罪春烹求端可鷹
楓宸惟願分種千萬山以解蒼生萬斛之渴塵

臨刑詩二首

浩氣還太虛丹心照萬古生前未了事留與後人補
天王自聖明制度高千古平生未報恩留作忠魂補

赴義前一夕遺筆

諭妻張貞

古人云死有重於泰山死有輕於鴻毛蓋當死而死
則死比泰山尤重不當死而死則無益於事比鴻毛
尤輕死生之際不可不擇之於道也我一時間死在

遠嬌輕風起吹落乾坤草木香一枝潔素羞粉白娟
娟月姬着新裳一枝黃蕚梁園發攢金綴粟色微茫
一枝朱英丹換骨錯認天桃帶淺霜一枝紫裳蕾初
破曉霞飛落緋衣傷一枝同心並頭開睛沙酣睡雙
鴛鴦疎影籠月瘦骨稍穿石枯隙藏烟鴛蝶
不相識兩更嬌妍氷葩凍蒂應難落一任妻凉羨
管弄前川古瘦淸香原太始品題蕚花更無比一限
幽閒惟自知韶容凡眼窺紅紫羨君孤梗逈絕俗梅
花如人人如玉得意移來軒後栽松竹交映愜衷曲
對酒相看花解語似促上金門去商家正須和羹

楊繼盛（1516—1555），字仲芳，號椒山，保定容城（今河北保定）人，明代醫家。

本書收錄四卷，卷一收疏三篇，除常見兩疏，另附《張宜人請代夫死疏》；卷二下分序、引、跋、説、記、疏、祭文七目，共收文二十七篇，另附《張宜人祭文》一篇；卷三收楊繼盛作詩歌八十五首，又附《贈楊公臨刑詩》兩首和楊繼盛撰《自著年譜》和《赴義前一夕遺屬》兩文；卷四爲附録，録王世貞撰《行狀》和徐階撰《墓誌銘》，另有吳時來、李春芳等所撰祠記、碑記等。

# 醫學新按二卷

（清）高士宗著　清康熙四十九年（1710）刻本　二冊
書高18.5厘米，廣12.2厘米。半葉九行，行二十字，白口，單黑魚尾，四周雙邊。

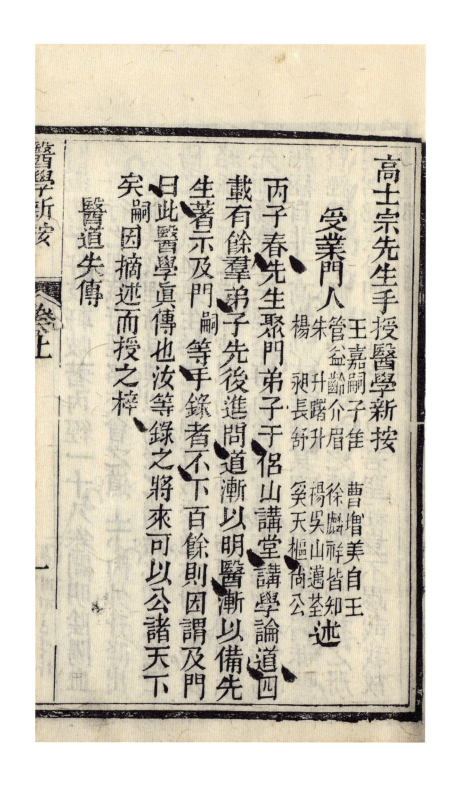

可干推之可萬萬之大不可勝數試以大體言之則
陽常有餘而陰常不足在天則天爲陽地爲陰而
天則包乎地之外在人身則氣爲陽血爲陰而氣實
統乎血之先一歲三百六十日天日光明則三百日
而有餘夫陽光明者陽也雨濕者陰也陽有餘而陰不
足此其徵也人與天地相參與日月相應亦當陽氣
有餘蓋陽主氣而陰主血如人陰血暴脫陽氣猶存
不致殞命如陽氣一脫陰血雖充難延旦夕苟能于
陰陽之中而知陽重于陰則週病施治自有生機涼

醫學眞傳　卷上

水火

水爲陰火爲陽水火之中火尤重焉蓋水者陰也陰
不能生人必藉火之陽而後能生故水必藉火而後
可飲穀必藉火而後可食夫在地爲水在天爲寒在
地爲火在天爲熱陽熱之氣能生萬物若遇陰寒物
必。殺矣醫者于水火之中而知重輕之理則生者多
而殺者少也

　陰陽

經云陰陽者。有名而無形。數之可十。推之可百。數之

高士宗，名世栻，浙江錢塘（今浙江杭州）人。

本書乃高氏於晚年仿效其師張志聰《侶山堂類辯》體例，命弟子將其於侶山堂論醫講學的內容整理編撰而成。全書共四十三篇，前十五篇爲醫論，中二十五篇是對常見病症的論治，後三篇爲用藥辨藥及診脉大法。所論理、法、方、藥俱全，系統扼要展示高氏醫學體系。其學術價值亦可與《侶山堂類辨》比肩，乃錢塘醫派的又一經典傳世佳作。

清 · 雍正

# 四診抉微八卷附管窺附餘一卷

（清）林之翰纂　清雍正四年（1726）玉映堂刻本　二冊

書高25.8厘米，廣16.5厘米。半葉十行，行二十字，小字雙行同，白口，四周雙邊。

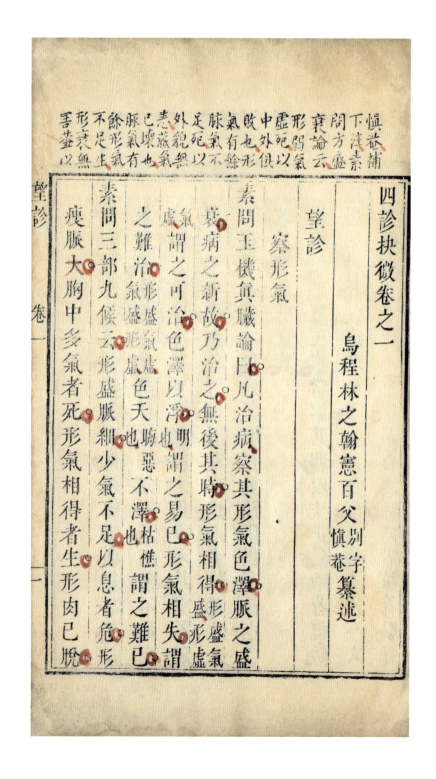

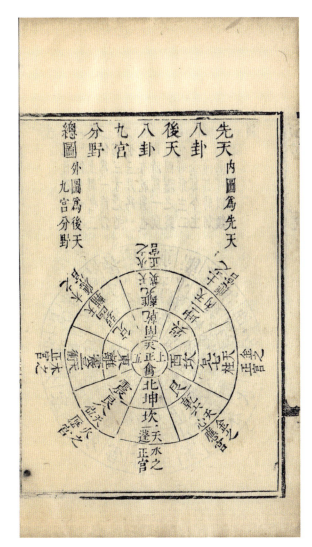

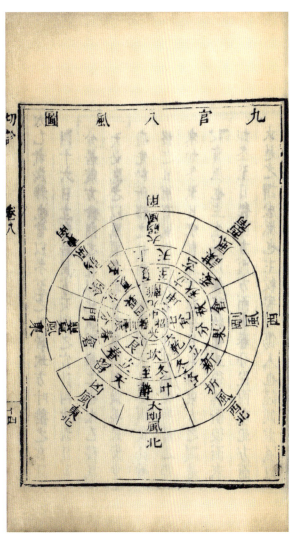

林之翰，字憲百，號慎庵，清代苕東（今湖南邵陽）人。

　　本書爲診斷專書，爲林氏上參《内經》《難經》《傷寒論》《脉經》等古籍之論，旁博後世諸家之説，類例相從，更參一己之所得，編撰而成。其中望診包括辨識面部氣色、五官、口齒、爪甲、舌診、體表諸部及小兒指絡、虎口紋等；聞診通過審聽患者的氣息，以察悉其元氣之盛衰及病痛之所在；問診以闡析張介賓“十問”爲主，并問嗜欲苦樂、人品起居，以知受病之本源；切診詳述方法、部位，并仿《瀕湖脉學》體例，列述二十七脉的形狀、鑒別、主病等。末附《管窺附餘》一卷，介紹原脉體用，重點分析浮、沉、遲、數等脉之常變。

# 重訂濟陰綱目十四卷

（明）武之望著　清雍正六年（1728）金閶書業堂刻本　八冊

書高24.2厘米，廣15.7厘米。半葉十一行，行二十五字，白口，單黑魚尾，左右雙邊。

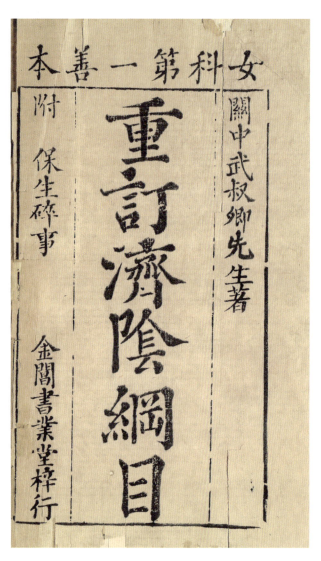

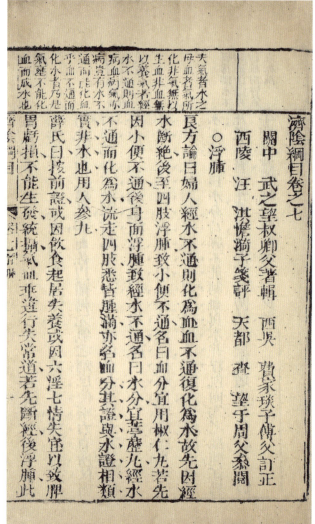

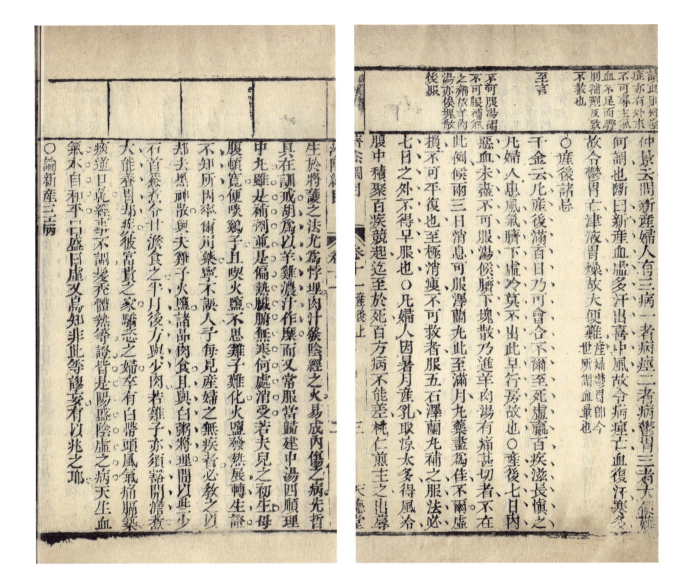

武之望（1552—1629），字叔卿，號陽紆，西安府臨潼（今陝西臨潼）人，明代著名醫學家。

本書以王肯堂《女科證治准繩》爲藍本，亦上溯《內經》《金匱要略》《巢氏病源》《千金方》，旁及《婦人良方》《產寶》《產論》等婦科專著，并兼許學士、寇宗奭、薛立齋等諸家論治婦科之說，再加以評繹。本書綱目分明，論述精闢，治驗豐富，選方詳盡，深爲後世中醫婦科醫家所珍視。

# 絳雪園古方選註三卷

（清）王子接注　　（清）葉天士校　　清雍正九年（1731）介景樓刻本　　存三册

書高24.1厘米，廣15厘米。半葉十行，行二十二字，小字雙行同，白口，單黑魚尾，左右雙邊。

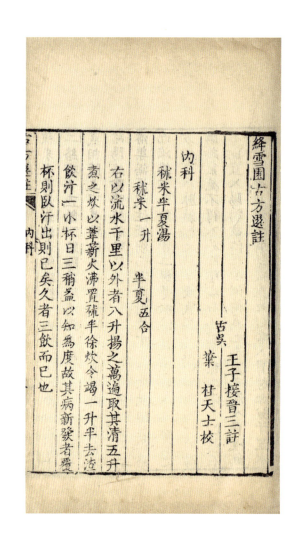

王子接，字晉三，號滄州，江蘇吳縣（今江蘇蘇州）人。早年習儒，制舉之餘致力於醫學，苦學二十餘年，遂成一代名醫。

本書主論方劑配伍，作者精選古方三百餘首，於其中君臣佐使之義、加減之道、銖兩之宜，均見解獨到，且王氏以儒通醫，臨床宗仲景之法而能隨機參變。本書分作三卷，上卷注釋仲景之方，分汗、吐、下、和、寒、温六劑；中、下二卷則闡釋內、外、婦、兒、眼等諸科之方。

# 臟腑證治圖說人鏡經八卷

（清）張俊英纂　（清）張鶴洲重輯　（清）劉禧校　清雍正十一年（1733）姑蘇刻本　一册

書高24.8厘米，廣16.1厘米。半葉十行，行二十字，白口，單黑魚尾，左右單邊雙邊兼有。

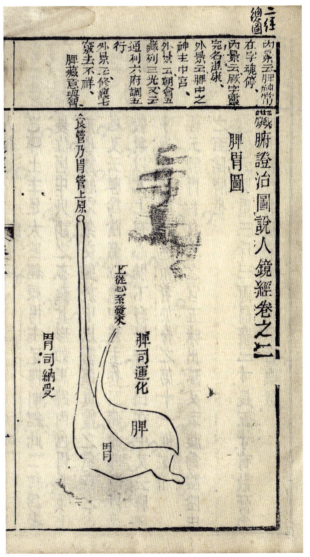

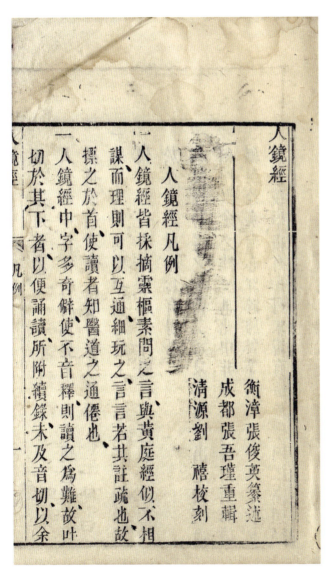

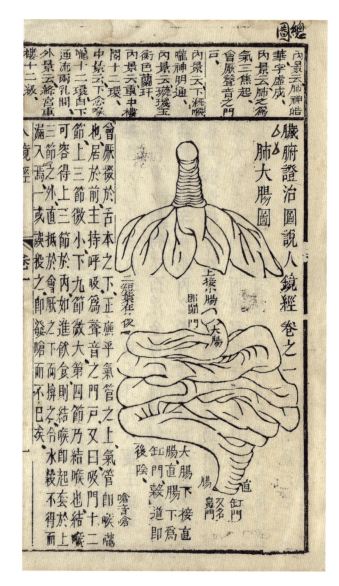

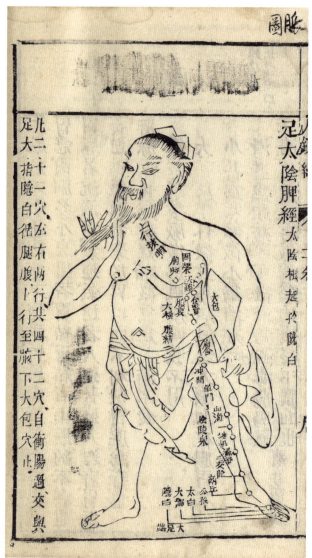

　　本書原作者不詳。據考此書最初由明代醫家錢雷購得并增補，於萬曆三十四年（1606）刊行。錢雷在原書基礎上增補了二卷。明末清初醫家張俊英又爲該書補充了二卷。本書爲經脉著作，又名《人鏡經附錄全書》，簡稱《人鏡經》，共八卷。本書依十二經脉、奇經八脉次序，再結合五臟六腑，重點闡述臟腑功能及其病狀與治法。

清 · 乾隆

# 重修鍼灸大成十卷

（明）楊濟時撰　清乾隆二年（1737）刻本　十冊

書高26.4厘米，廣16.7厘米。半葉十一行，行二十二字，小字雙行同，白口，單黑魚尾，四周雙邊。

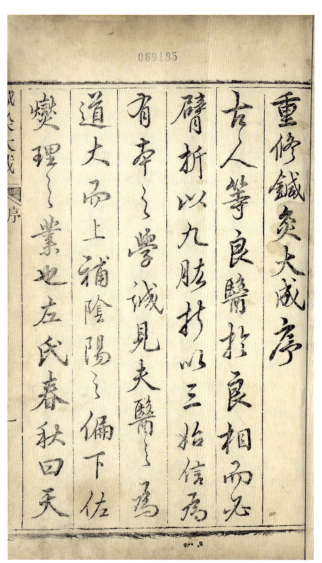

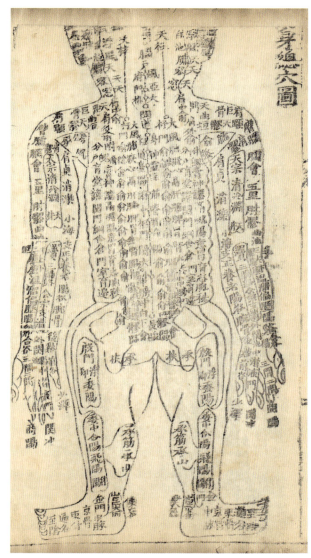

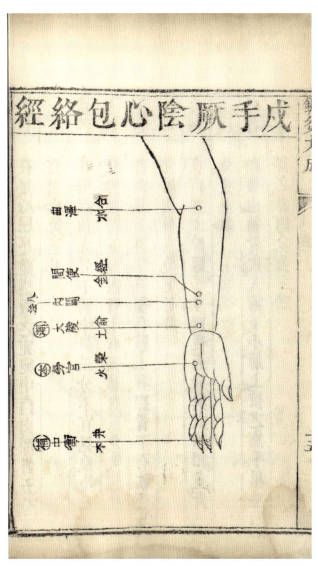

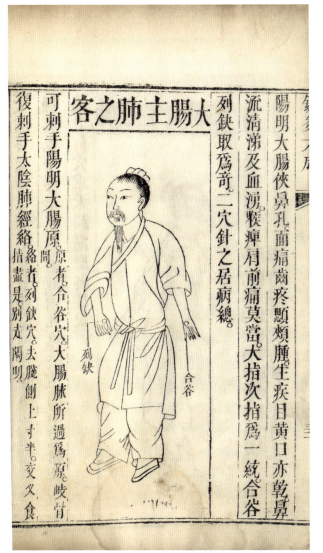

楊濟時，字繼洲，明代著名針灸學家。

　　本書是對明代以前針灸學的一次重要總結，也是自明至清三百年間流傳最廣的針灸學著作。楊氏根據家傳《衛生針灸玄機秘要》，并參考明以前二十餘種針灸著作，結合自身臨床經驗編成此書。全書共十卷，較爲全面地論述針灸理論及操作手法，并考定腧穴名稱與部位，記述歷代名家針方驗案，爲後世學者研習針灸所繞不開的著作。

# 重鐫本草醫方合編六卷

（清）汪昂輯　清乾隆五年（1740）芸生堂刻本　五冊

書高26.5厘米，廣16.4厘米。上下雙欄，半葉十行，行二十二字，白口，四周單邊。

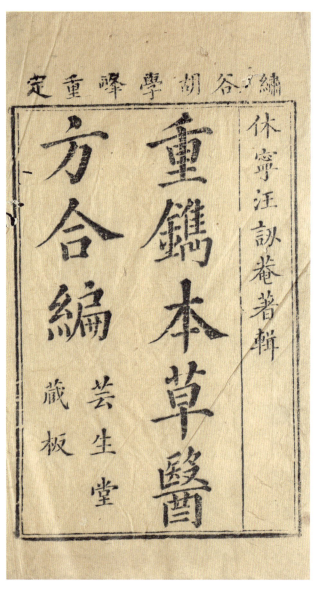
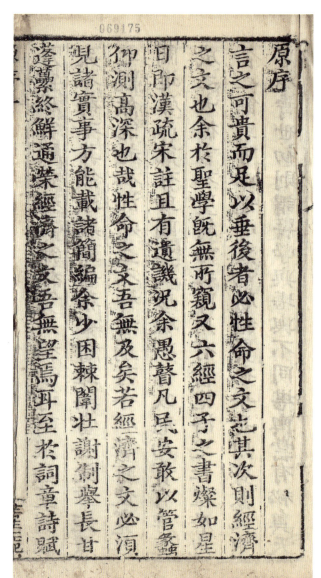

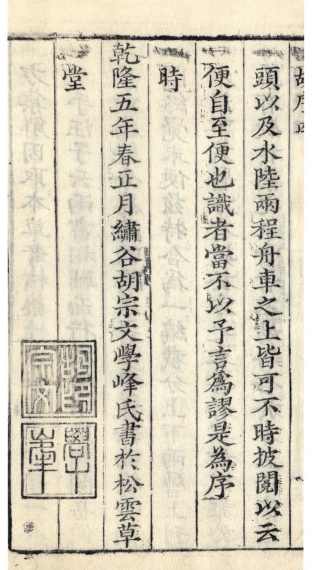

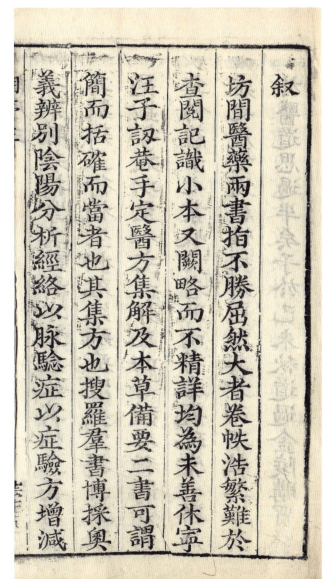

汪昂（1615—1694），字訒菴，明末清初安徽休寧西門人。

　　本書係《醫方集解》與《本草備要》的合刊本。《醫方集解》分二十一門，載正方三百七十七首，附方四百八十八首。《本草備要》乃集諸家本草簡輯而成，按草、木、果、穀菜、金石水土、禽獸、鱗介魚蟲及人共八部分類，載藥四百七十八種，每藥概述性味、功用和主治。本書方論與藥論俱備，實用性和學術價值較高。

## 合訂本草備要

### 藥性總義

凡藥酸屬木入肝苦屬火入心甘屬土入
脾辛屬金入肺鹹屬水入腎此五味之義
也

凡藥青屬木入肝赤屬火入心甘屬土入
脾白屬金入肺黑屬水入腎此五色之義
也

凡藥酸者能澀能收苦者能瀉能燥能堅
辛者能散能橫甘者能補能和能緩
行鹹者能下能軟堅淡者能利竅能滲泄
此五味之用也

## 合訂醫方集解

### 凡例

一古今方書至為繁夥然于方前第註治其病而未
嘗發明受病之因及病在某經某絡也一方之中第註
用某藥某藥亦未嘗發明藥之氣味功能入某經某絡
所以能治其病之故也方書徒設庸醫淺視之幢如
乃拘執死方以治活病其不至于惧世殃人者幾希
及宋成無已始得仲景之書先釋病情次明藥性使觀
者知其端緒漸得解會其嘉惠後人之心可謂切至而
世猶以循文訓釋譏之不知仲景之書文淺義深至為

# 壯悔堂文集十卷

（明）侯方域著　清乾隆五年（1740）刻本　四册
書高25.1厘米，廣16.2厘米。半葉十行，行二十三字，小字雙行同，白口，左右雙邊。

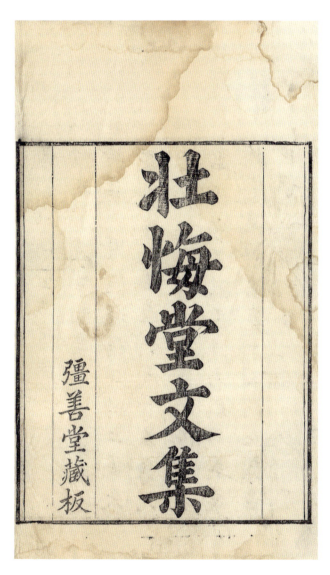

侯方域（1618—1655），字朝宗，號雪苑，明代歸德（今河南商丘）人。

“壯悔堂”爲侯方域讀書治學之所。該書內容豐富，文體多樣，涉及序、奏議、表文、傳記、游記、書信、論述、策論、説書後記、墓志銘、祭文和雜文等多個方面。

# 痘疹正宗二卷

（清）宋麟祥著　清乾隆十年（1745）刻本　二册

書高23.7厘米，廣14.9厘米。半葉八行，行二十四字，白口，單黑魚尾，四周單邊。

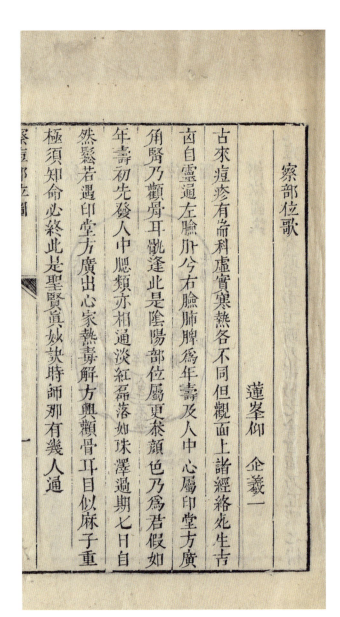

察部位歌

蓮峯仰　企羲一

古來痘疹有幼科虛實寒熱各不同但觀面上諸經絡死生吉

囟自靈過左臉肝兮右臉肺脾爲年壽及人中心屬印堂方廣

角腎乃顴骨耳觥逢此是陰陽部位屬更恭顏色乃爲若假如

年壽初先發人中腮類亦相通淡紅磊落如珠澤過期七日自

然鬆若遇印堂方廣出心家熱毒解方興顴骨耳目似麻子重

極須知命必終此是聖賢真妙訣時師邪有幾人通

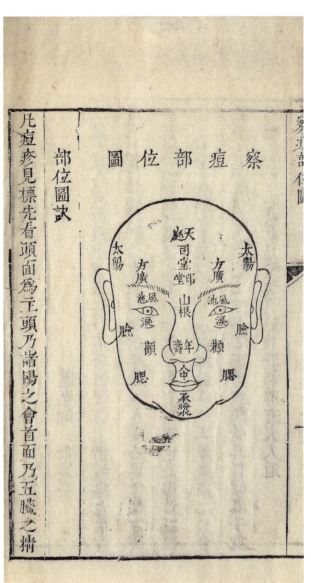

察痘部位圖

部位圖訣

凡痘疹見標先看頭面爲主頭乃諸陽之會首面乃五臟之精

太陽　方廣　天庭　司空　印堂　方廣　太陽

風池　淚　臉　山根　風池　淚　顴

臉　顴頰　腮　年壽　頰　腮

命　承漿

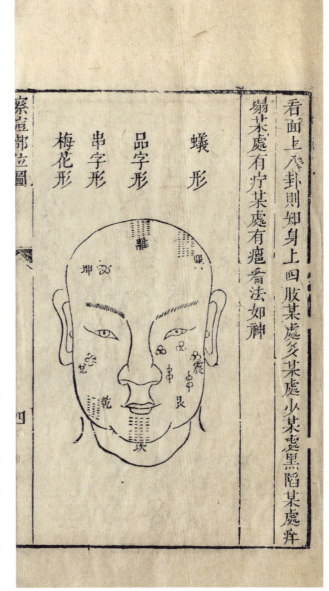

看面上之八卦則知身上四肢某處多某處少某處黑陷某處痒嫩某處有疔某處有瘟看法如神

蟻形

品字形

串字形

梅花形

察痘部位圖

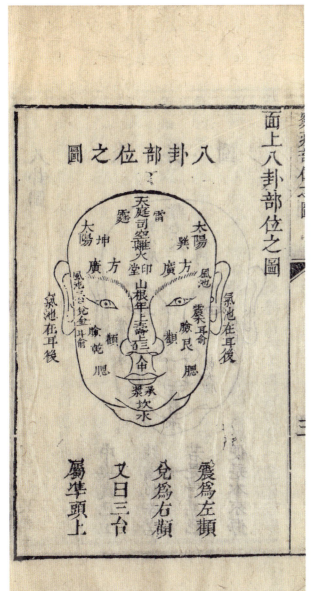

面上八卦部位之圖

八卦部位之圖

震爲左顴

兌爲右顴

又曰三台

屬準頭上

---

宋麟祥，字鍾岳，山東堂邑（今山東聊城）人。

本書爲痘疹專著。全書二卷，上卷痘疹門，下卷疹症門。宋氏承襲費啟泰《救偏瑣言》，認爲痘爲先天之毒，治宜攻下，而反對用托補之法。

# 欽定儀禮義疏四十八卷

清乾隆十三年（1748）刻本　二十八冊

書高28.5厘米，廣16.9厘米。半葉十一行，行二十四字，白口，單黑魚尾，左右雙邊。

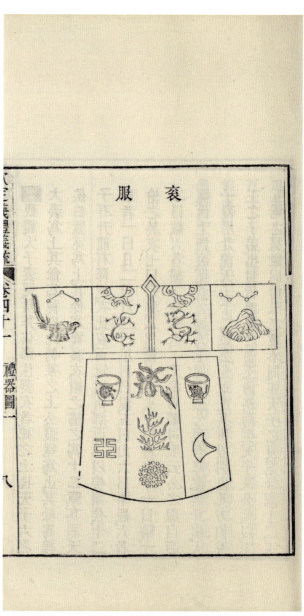

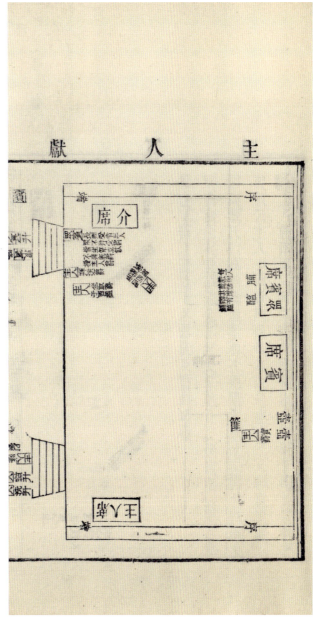

《欽定儀禮義疏》係乾隆時期官修《三禮義疏》其中之一，爲官方組織多人編纂，具體領纂者不詳。本書是清代第一部關於儀禮的官修著作，對清代以前的禮儀規範進行了一次集大成式的整理，體現了當時朝廷對於恢復和弘揚儒家禮教的重視，對後世研究《儀禮》以及清代禮學思想影響深遠。

# 醫理元樞十二卷附餘二卷

（清）朱音恬輯　清乾隆十八年（1753）藜照書屋刻本　七册

書高24厘米，廣15.5厘米。半葉十二行，行二十四字，小字雙行同，白口，單黑魚尾，左右雙邊。

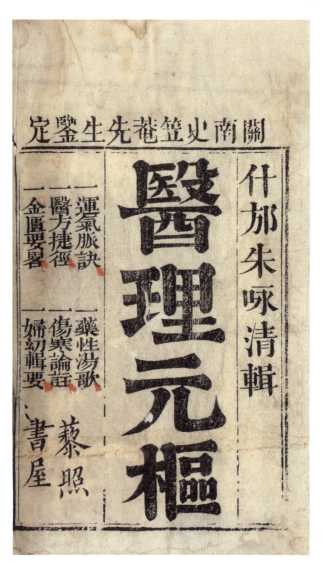

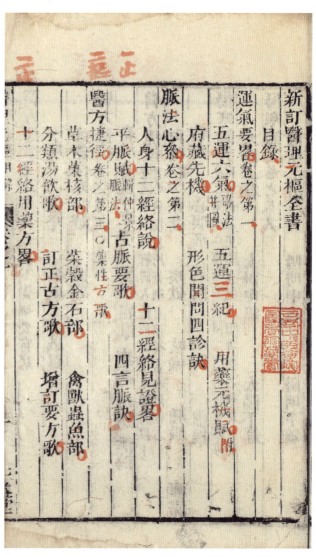

冒蝕中風
中寒二兩條

金匱要畧

○脾中風者翕翕發熱形如醉人腹中煩重皮目瞤動而短氣

○賢著之病其人身體重腰中冷如坐水中形如水狀反不渴小便自利飲食如故病屬下焦身勞汗出衣裏冷濕久久得之腰以下冷痛腹重如帶五千錢甘薑苓朮湯主之

麻子仁丸方

麻子仁二升　芍藥半斤　枳實一斤　大黃一斤　厚朴一尺　杏仁一升

右為末蜜為丸梧子大飲服十九日三以知為度

---

甘草乾薑茯苓白朮湯方

甘草二兩　白朮二兩　乾薑四兩　茯苓四兩

右四味以水五升煮取三升分溫三服腰中即溫

○問曰三焦竭部上焦竭善噫何謂也師曰上焦受中焦氣未和不能消穀故能噫耳下焦竭則遺溺失便其氣不和不能自禁制師曰熱在上焦者因欬為肺痿熱在中焦者則為堅熱在下焦者則尿血亦令淋秘不通大腸有寒者多鶩溏有熱者便腸垢小腸有寒者其人下重便血有熱者必痔

○問曰病有積有聚有繫氣何謂也師曰積者藏病也終不移聚者府病也發作有時展轉痛移為可治繫氣者脇下痛按之則愈復發為繫氣

---

朱音恬，字咏清，四川什邡人，清代醫家，習儒通醫。

　本書係一部醫學叢書。含《運氣要畧》一卷、《脈法心參》一卷、《醫方捷徑》四卷、《傷寒論註》四卷、《金匱要畧註》二卷及《婦科輯要》《幼科輯要》各一卷。

# 壽世保元十卷

（明）龔廷賢編　清乾隆二十年（1755）福文堂刻本　十冊

書高23.6厘米，廣15.3厘米。半葉十三行，行二十八字，白口，單黑魚尾，左右雙邊。

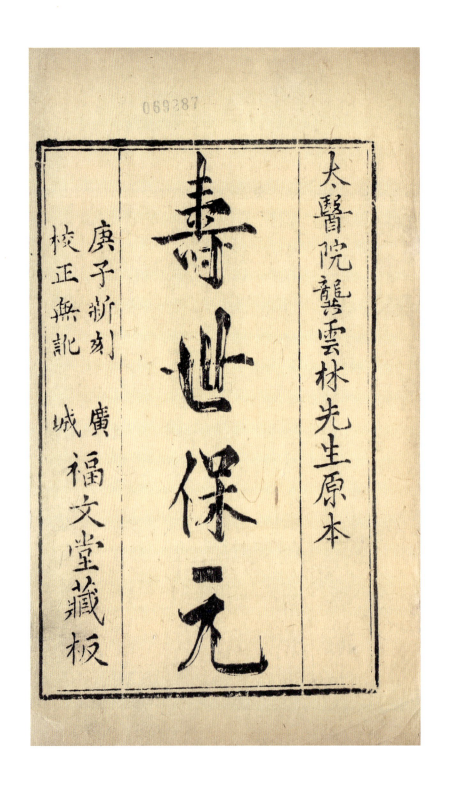

脾象土旺於長夏其脈緩其候口其聲歌甘其臭香其味甘其液涎其養形肉其色黃其藏意足太陰其經也與胃合爲腑主裹脾氣盛爲形有餘則病腹脹溲溲不利身重若飢足痿不收行善瘛脚下痛是爲脾氣之實也則宜瀉之脾氣不足則四肢不用後泄食不化嘔逆逆腹脹腸鳴是爲脾氣之虛也則宜補之於四時病在脾愈在秋秋不愈甚於春春不死待於長夏起於日愈於庚辛春不愈加於甲乙甲乙不死待於丙丁起於戊已脾以日加慧日昳甚下晡靜脾欲緩急食甘以緩之別苦以泄之禁溫食飽食濕地濡衣脾部在右手關上是也六月脾土旺其脈大阿阿而緩名曰平反得弦而急者是肝之乘脾木之尅土爲大逆不治反得微濇而短者是肺之乘脾而意是肝土旺其脈大阿阿而緩名曰平而意是肺之乘脾子之乘母不治自愈反得浮而洪者是心之乘脾母之歸子當差不死反得沉濡而滑者是腎之乘脾水之凌土爲微邪當差脾長而弱來疎去數再至曰平三至曰離經四至曰奪精五至曰死六至曰命盡脾病虛實

五藏六腑脈病虛實例

神有餘則病胸內痛脅支滿膈下痛煩悗喘呼休是心氣之實也則宜瀉之心氣之虛也則宜補之於四時病在心愈於戊已戊已不甚於壬癸壬癸不死待於甲乙起於丙丁心以日中慧夜半甚平旦靜禁溫衣熱食心部在左手寸口是也心火大旺其脈浮大而散名曰平反得沉濡而滑者是腎之乘心水之尅火爲大逆不治反得微濇而短者是肺之乘心金之凌火爲微邪雖病當差不死反得大而緩者是脾之乘心子之乘母雖病當愈反得弦而長者是肝之乘心母之歸子當差不死反得浮濇而短者是肺邪乘心金尅木是肝之尅心心死真心脈至牢而博如循薏苡子累累然其色赤黑不澤毛折乃死

叫呼損氣因傷氣　燥弱脈中宜熟記
生死吉凶都在是　能達不內外中因

### 定死脈形候歌

指下如湯沸湧時　且占久死定無疑
魚翔腎絕亦如期　去疾來遲熱劈劈
三陽谷氣久虛空　命絕脈來如彈石
髑髏骨枯晃兩尺　胃氣分明屋漏滴
雀啄連連速來散急　蝦遊狀如暇蝥遊
脾無穀氣定難留　魂去行屍定生休
如刀壓刀細推求　欲知心絕井榮絕
指下渾然如帕豆　更有肺枯并胃之
三光正氣巳漂流　如麻戚促至無憂

### 脈辨生死

同虛子曰脈遊雀啄代止之脈故名死症須知痰氣關格者時復有之若
非諳練數歷未免依經斷病而貽笑於大方也益病勢消燥殆盡者其

### 內因脈

喜怒憂思悲恐驚內應氣口

喜怒傷心脈必虛　思傷脾脈結中居
怒氣傷肝脈便濡　恐傷於腎脈沉是
脈緊因悲傷胞絡　七情氣口內因之
風寒暑濕燥火外應人迎
　　　　　　　　因憂傷肺脈必濇
　　　　　　　　緣驚傷胆動相須

### 外因脈

緊則傷寒腎不穩　虛因傷暑向胞推
細緩傷濕要觀脾　浮則傷風肝部應
免使將寒作熱醫　弱為傷火察心知

六邪合脈須當審　不內不外因脈

勞神役慮定傷心　虛濟之中仔細尋
忽然緊脈必相侵　房帷任意傷心絡
疲極筋之便傷肝　指下尋之脈弦弱
未可輕將一例推　飢則緩弦當別議
　　　　　　　　勞役陰陽傷腎部
　　　　　　　　微濟之中宜忖度
　　　　　　　　飲食飢飽定傷脾
　　　　　　　　若然滑實飽無疑

# 成方切用十二卷

（清）吳儀洛撰　清乾隆二十六（1761）硤川利濟堂刻本　八冊

書高24.2厘米，廣15.5厘米　半年葉九行，行十九字，小字雙行同，白口，單黑魚尾，左右雙邊

吳儀洛（1704—1766），字遵程，浙江澉浦（今浙江海鹽縣澉浦鎮）人，清代醫家及藏書家。

　　本書爲方論專著，吳氏以《醫方考》及《醫方集解》爲藍本，廣集成方，取切於時用者凡一千三百餘首，分列二十四門，共十二卷。上歸經旨，旁取諸論，詳釋方義，由博返約，實如《序》言，稟諸經以觀其合，訂之證以發其微。

# 千金翼方三十卷

（唐）孫思邈撰　清乾隆二十八年（1763）保元堂刻本　十六册

書高24.7厘米，廣15.4厘米。半葉十行，行二十一字，小字雙行同，白口，單黑魚尾，四周單邊。

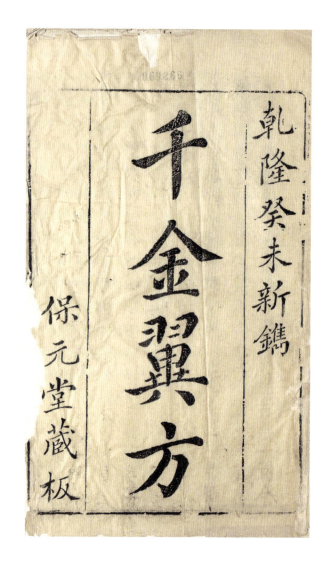

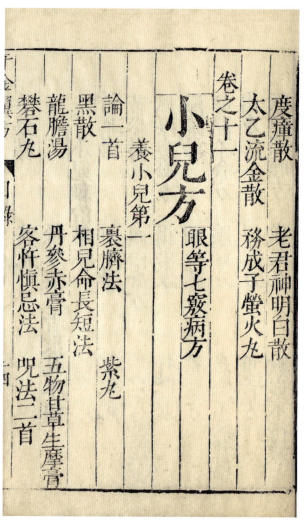

　　孫思邈（541—612），京兆華原（今陝西銅川市耀州區）人。隋末唐初著名醫藥學家、養生家，後世尊其爲"藥王"。

　　《千金翼方》係孫思邈晚年對《千金要方》之補充，全書凡三十卷，分列一百八十九門，合方、論、法二千九百餘首。其内容涵蓋本草修治、内外婦兒病症、養生、針灸等多個方面。

# 蘭臺軌範八卷

（清）徐大椿輯　清乾隆二十九年（1764）刻本　三冊

書高24.1厘米，廣15.2厘米。半葉九行，行二十五字，小字雙行同，白口，單黑魚尾，左右雙邊。

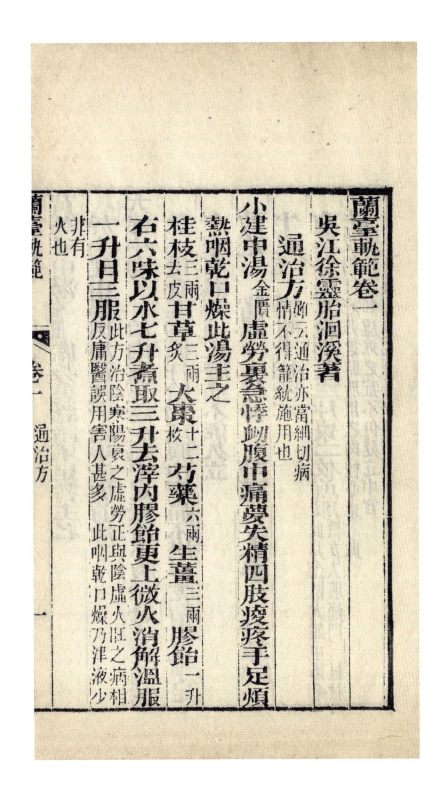

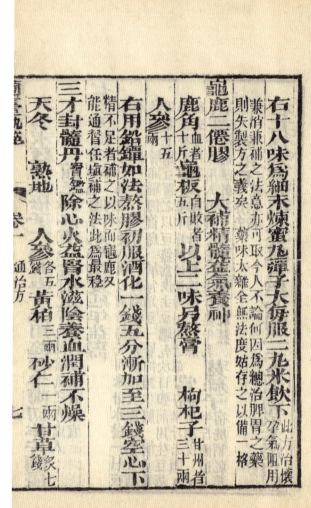

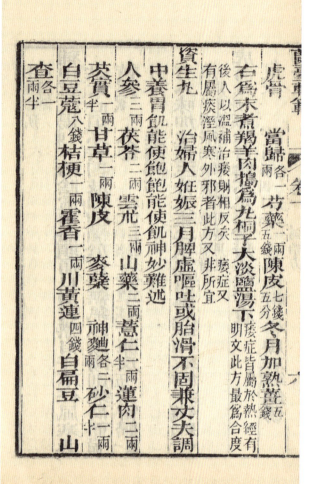

徐大椿（1693—1771），字靈胎，號洄溪，江蘇吳江（今江蘇蘇州）人。

　　全書八卷，首卷輯錄諸家之通治方，收列近百種古方及主症；後七卷分類記叙雜病、時病、五官、婦、兒等諸科疾病。於每一病症，皆先叙病因，列病症，辨異同，後再附治方。所引論述均以《內經》《難經》《傷寒論》《金匱要略》《諸病源候論》《千金要方》《外臺秘要》等古籍爲限，間收後世論述精要，以使病源可考，病名可辨，經方可知，法度可明。

# 一艸亭目科全書一卷附婦科達生編全書

（明）鄧苑撰　清乾隆二十九年（1764）雙桂堂刻本　一册

書高17.9厘米，11.2厘米。半葉九行，行二十字，小字雙行同，白口，四周單邊。

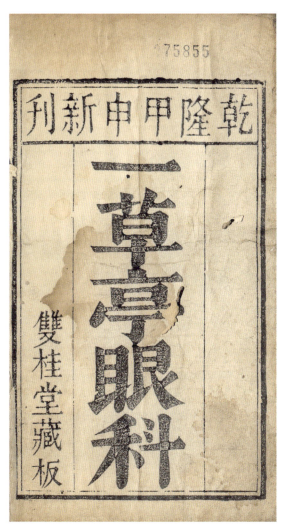

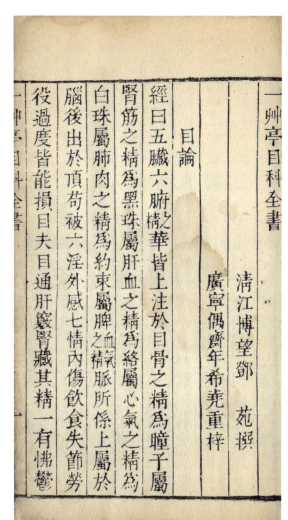

鄧苑，字博望，江西清江縣（今江西樟樹）西鄉人。明代著名眼科專家，曾任雲南瀘西縣令。

本書爲眼科專書，以論述內外障眼病而著稱，其末還附有小兒眼病的治法。本書將眼科七十二症分爲內、外二障。其中內障二十四，外障四十六，外障多由風熱血滯，內障多因勞神血虛，全面總結了內外障眼病的病因病機。

## 傷寒分經十卷

（清）吳儀洛著　清乾隆三十一年（1766）硤川利濟堂刻本　八册

書高23.2厘米，廣15.2厘米。半葉九行，行十九字，小字雙行同，白口，單黑魚尾，左右單邊。

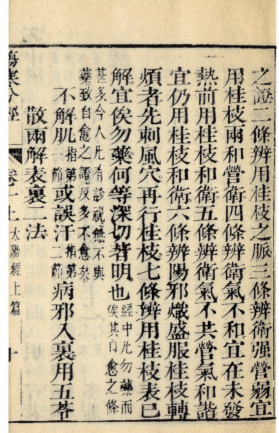

吳儀洛（1704—1766），字遵程，浙江澉浦（今浙江海鹽縣澉浦鎮）人，清代醫家及藏書家。

　　此書乃《吳氏醫學述》之第五種，是以冬春夏秋四時之序主病大綱詳解《傷寒》、系統闡述傷寒外感熱病之作。吳氏極推崇喻嘉言《尚論篇》，故將《尚論篇》予以重訂補注，并將喻氏《醫門法律》中"中寒門"及"秋燥論"一同補入，仿襲喻氏《尚論篇》之體例，分經論注。全書共十卷二十篇。凡太陽三篇，陽明三篇，少陽一篇，太陰一篇，少陰二篇，厥陰一篇，春溫三篇，夏熱一篇，脉法二篇，諸方一篇，補卒病論一篇，秋燥一篇。

# 傷寒論翼六卷

（清）柯琴撰　清乾隆三十一年（1766）博古堂刻本　四册

書高23.6厘米，廣14.9厘米。半葉十行，行二十一字，小字雙行同，白口，四周單邊。

柯琴（1662—1735），字韵伯，號似峰，原籍浙江慈溪，後遷居虞山（今江蘇常熟）。清代著名醫家，對《傷寒論》的研究造詣較深。

本書爲《傷寒來蘇集》組成部分之一。"翼"爲輔助之意，可爲後世學習《傷寒論》提供輔助參考。柯氏主張以方名證，方從六經，六經爲百病立法，非獨爲傷寒。上卷七篇，概論六經經界、治法及合病、并病等，列論傷寒大法、六經、合病以及風寒、溫暑、痙濕諸症。下卷七篇，闡明六經分證，六經病解及製方大法。

# 臨證指南醫案十卷

（清）葉桂著　清乾隆三十三年（1768）衛生堂刻本　十冊

書高25.5厘米，廣16.2厘米。半葉十行，行二十二字，小字雙行同，白口，單黑魚尾，左右雙邊。

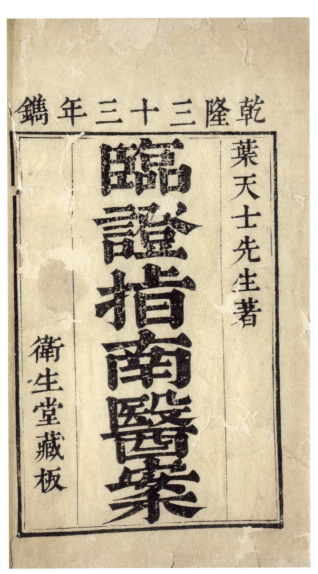

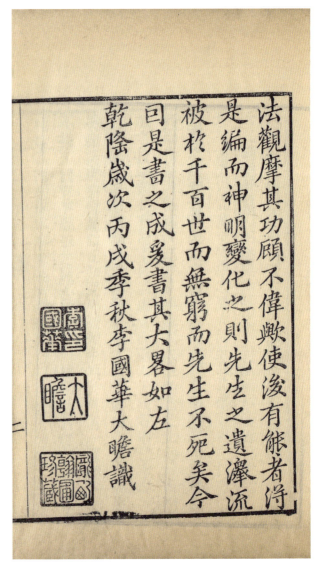

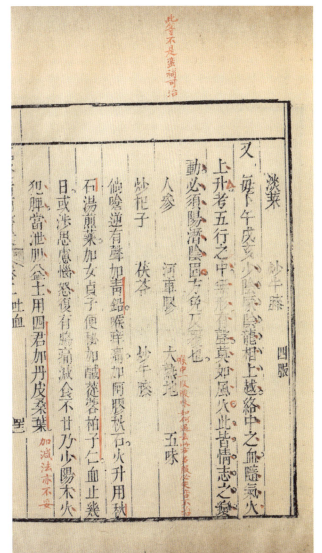

葉桂（1667—1746），字天士，號香巖，別號南陽先生，江蘇吳縣（今江蘇蘇州）人。溫病"衛、氣、營、血"思想創始人，被尊爲溫病學派代表。

本書爲葉桂晚年門人所錄集手稿，後流入華岫雲之手而得系統整理編校出版。全書十卷，其中內科病案八卷、婦科一卷、幼科一卷，以病爲綱，分列九十八門，每門之後均附按語。該書充分反映葉桂臨證辨病、立法處方的特點，是研究其學術思想的重要著作。

# 本草求真十一卷

（清）黃宮綉撰　清乾隆三十八年（1773）興順堂刻本

書高24.1厘米，廣16厘米。半葉九行，行十九字，白口，四周單邊。

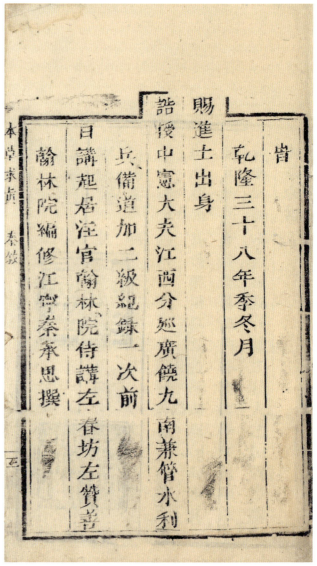

本積

屬是也積自水結則積當從水正如大戟芫花甘
遂葑花之屬是也積自食至則積當從食消如山
楂麥芽脾麯穀蟲之屬是也積由虛致則積當從
虛除如黃耆人參白术之屬是也凡此道理盡陸
症活淤俱不可專以所見之積以爲治耳

消寒積
　烏頭　　乾薑　　肉桂　　吳茱萸
　巴霜
消熱積

本草求真　卷下主治　積　　四六

血積　蟲積　氣積　無積　寒積

滯之品而不知積因寒成則積當從寒治如烏頭
乾薑肉桂吳茱萸巴霜之屬是也積因熱致則積
當從熱理如黃連黃芩之屬是也積自氣生則積
當從氣化如木香沉香陳皮青皮玄胡索厚朴蕃
麥枳實遂尤之類是也積由蟲致則積當從蟲殺
如鶴虱苦楝根胡粉阿魏川椒雷丸使君子檳榔
雄黃檳實之屬是也積由痰聚則積當從痰解如
茯苓半夏礞石白芥子海石之屬是也積由血瘀
則積當從血破如桃仁山甲乾漆䗪蟲虻蟲子之

黃宮綉（1720—1817），字錦芳，江西宜黃人。清乾隆時期御醫，江西十大名醫之一。

　　此書藥物分類方法有別於傳統的部屬分類法，按功效將藥物分作補、澀、散、瀉、血、雜、
食物七類，各類又細分若干子目。如補劑下又分爲温中、平補、補火、滋水、温腎五類藥物。其藥
物歸經注解較爲獨到，分有專入、兼入及命門、肌表、皮膚、筋骨、經絡、經絡肌肉、經絡皮裏膜
外、心下、諸竅等多種。

# 脈理求真三卷

（清）黃宮繡輯　清乾隆三十八年（1773）興順堂刻本　一冊
書高24.1厘米，廣14.6厘米。半葉九行，行二十字，白口，四周單邊。

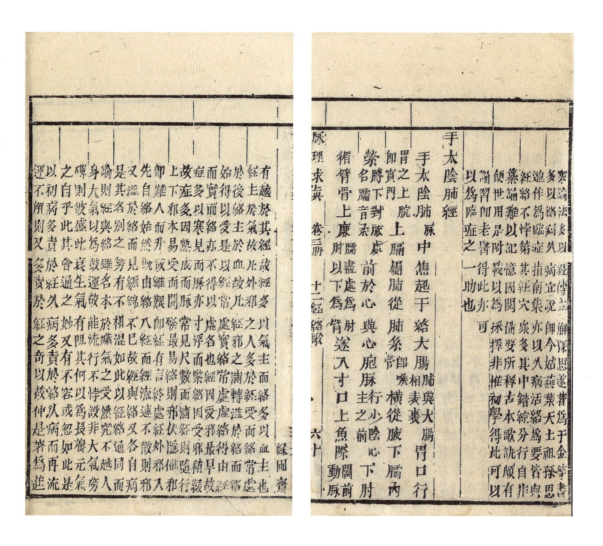

黃宮繡（1720—1817），字錦芳，江西宜黃人。清乾隆時期御醫，江西十大名醫之一。

卷一爲新著脈法心要，闡述診脈部位、各脈形象、主病等；卷二爲新增四言脈要，係據《診家正眼》所載崔氏"四言脈要"予以增删而成；卷三爲汪昂所撰十二經脈歌、奇經八脈歌。附新增脈要簡易便知，爲黃氏綜合各家論述，參以個人心得，聯繫臨床實際叙述脈理，并對脈法中重要之處作了扼要闡析。

# 慎齋遺書十卷

（明）周之幹著　清乾隆四十一年（1776）目耕堂刻本　四册

書高25.8厘米，廣16.7厘米。半葉十行，行二十字，小字雙行同，上下黑口，左右雙邊

066464

原序

醫道自東漢張仲景後教亦多術矣東垣溫補河間

清熱丹溪滋陰戴人攻伐四家者概皆有聞然俱各

得仲景之一體而非軒岐之正泒也明季江東周之

幹慎齋氏生乎二千年後而獨得仲景之精髓直駕

李劉朱張而上有非季世俗醫所能髣髴二三也但

遺書數卷出于門人之記錄未經較正多有隱晦重

複之弊球欲刪去冗訂爲定本年來因註易未

遑近日易註告成南陽金匱玉函經解亦已脫藁于

是刪釋遺書更定卷帙陰陽藏府氣運邑脈經解方

四物湯

川芎　歸身　白芍　生地黃

六味丸湯

生地黃　丹皮　山茱萸　白茯苓　澤瀉

山藥

六味加五味子名都氣丸六味加肉桂名七味湯丸

六味加肉桂附子名八味湯丸六味加人參附子名

腎氣湯丸六味加五味麥門冬名涼八味湯丸六

味加肉桂附子磁石五味子名十味湯丸

黃耆建中湯

四聖丸散

白术（四兩）陳皮（五錢）川連（五錢）以神麯糊丸

四仙湯

熟地黃　白芍　歸身　甘草　大棗

黃耆　　耆歸湯

生脈散

黃耆　歸身

人參　麥門冬　五味子　　芎歸湯

川芎　歸身　白芍　百合　荆芥

周之幹（約1508—1586），號慎齋，安徽宛陵（今安徽宜城）人，明代醫學家。

全書共十卷，編纂特點在於其條文式的劄記形式，融合了先前醫家的學說。書中依次論述了陰陽、臟腑、運氣、經絡、"二十六字玄機"、方藥炮製、虛損、潮熱、產後及外科等八十九種病證，附有驗案。

# 種福堂公選良方兼刻古吳名醫精論四卷

（清）葉桂撰　　（清）華岫雲校　　清乾隆四十二年（1777）衛生堂刻本　二冊

書高25.3厘米，寬16.1厘米。半葉十行，行二十二字，白口，單黑魚尾，左右雙邊。

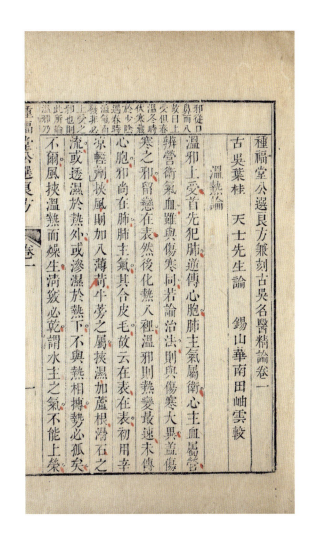

葉桂（1667—1746），字天士，號香巖，別號南陽先生，江蘇吳縣（今江蘇蘇州）人。溫病"衛、氣、營、血"思想創始人，被尊爲溫病學派代表。

本書爲華岫雲續補《臨證指南醫案》與其所集經驗奇方合編而成，全書共四卷，卷一《溫熱論》及續刻醫案，卷二至卷四爲內、外、婦、兒各科常見疾病的驗方、秘方選集，共計八百八十首。諸方按病證分類，每方詳述其適應證、組成及用法，言辭明確，一目了然。

# 吳醫彙講十一卷

（清）唐大烈纂輯　清乾隆五十七年（1792）掃葉山房刻本　四冊

書高24.3厘米，廣15.4厘米。半葉九行，行二十字，下黑口，單黑魚尾，四周雙邊。

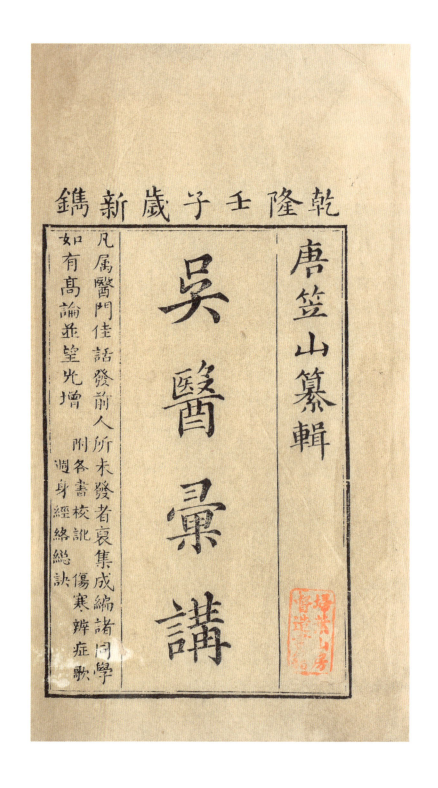

末由報答鴻慈誠恐遞善不力惡將蝟集舜蹠之分
間不容髮敢矢誓願為承先裕後之基址其首重者
恐辱安貧守誓畢生兢兢不趨時夸耀或遇瀕危之症
悉心療治誓不惜名惡置或遇輕淺之疾郎時安慰
誓不張皇顯功或病果疑難學識未到必詳審以待
高明誓不就延貽誤或遇富厚之家誓不市恩而沾譽或遇
或遇貧困之人隨力救援誓不倖災攫利
道擇紳鄰緣調治誓不媚諛以珀祖先噬乎人命至
重冥報難逃執一得以誤人眛心而罔利均弗為

吳醫彙講　卷一

影響此列聖所垂之明訓也微泯如家瓚生既不辰
命復多外蓋自先祖母五十餘年撫孤植節一綫單
傳以迄於今吾炎袞齡望八吾母見背兩弟繼歿俱
無嗣息瓚所生兒女六人亦皆以痘殤孤危至此無
苦惱無論貧富先懷悲憫耿耿此心惟天可表豈弟自
擄以褊淺之見識荷司命之擔任大責重豈盡無
訛清夜深思愈增憂懼幸而歲戊辰竟得子已已冬
出痘矣庚午又得子今冬又出痘矣家瓚間天稽首

唐大烈，字立三，號笠山，一號林嶝，江南長州（今江蘇蘇州）人，清代醫家。

　　該書是我國早期具有醫學刊物性質的著作。以"隨到隨鐫，不分門類，不限卷數"共載江南地區四十一位醫家九十六篇文章。包括經典醫著的注解闡發、學術理論的爭鳴探討、臨證治驗的記錄、藥物方劑的解釋及考據、書評等。其中主要著作有葉桂的《溫熱論》、薛生白的《日講雜記》、顧雨田的《書方宜人共識論》、王繩林的《考正古方權量說》及唐氏醫文十五篇等，對當時醫學交流產生了一定的作用。

清 · 嘉慶

# 圖註八十一難經辨真四卷

（明）張世賢注　清嘉慶六年（1801）刻本　二冊

書高21.5厘米，廣15.7厘米。半葉九行，行二十字，小字雙行不等，白口，單黑魚尾，四周單邊。

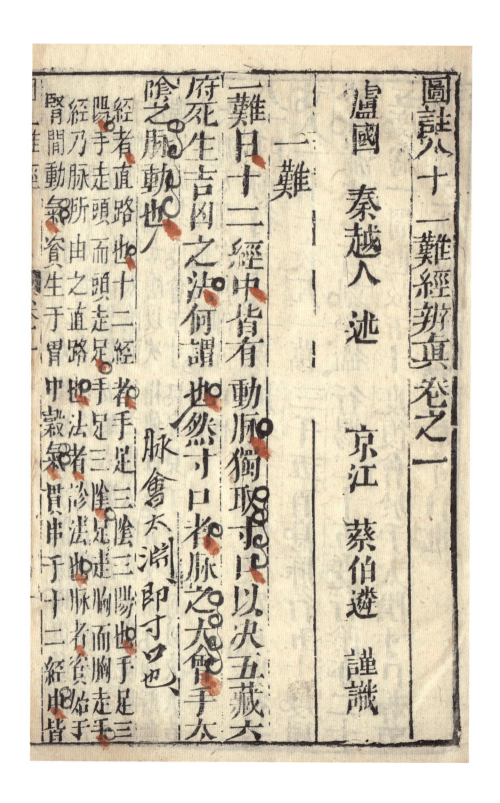

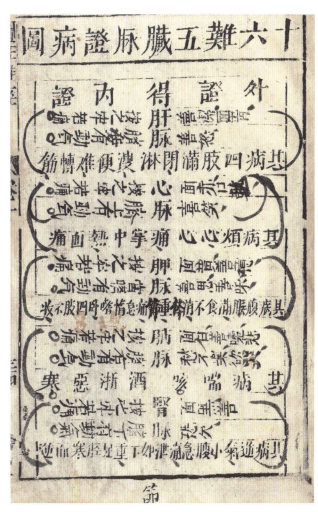

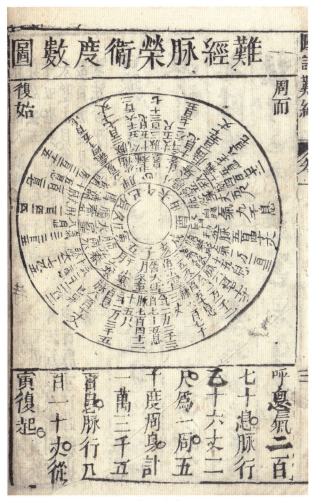

張世賢，字天成，浙江四明（今浙江寧波）人。

作者慮前代各家注本中除詮解文義外，附圖解較少，故重新
爲之增繪圖表，使每難一圖。

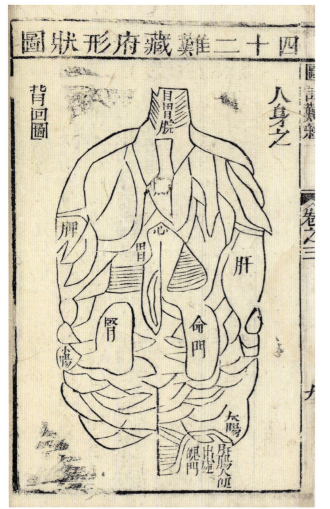

四十二難藏府形狀圖

人身之

背面圖

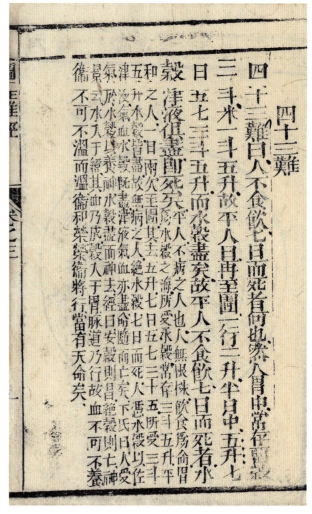

四十二難

四十二難曰人不食飲七日而死者何也然人胃中常有留穀
三斗水一斗五升故平人日再至圊一行二升半日中五升七
日五斗七升而水穀盡矣故平人不食飲七日而死者水
穀津液俱盡即死矣平人不病之人也無恙株飲食常在三斗
五升之人一日兩次至圊其去五升七日五七三十五所受三斗
五和之人水穀盡故無病絕水穀七日而死者水穀津液
津液氣於水穀盡故盡命血亦盡隨水穀以往
五升水穀盡故氣隨水穀盡而神去經日安穀則昌絕穀則亡
景云水入于經其血乃成穀入于胃脈道乃行故血不可不養
備不可不溫而溫備和榮榮備將行當有天命矣

# 孫真人千金方衍義三十卷

（清）張璐著　（清）席世臣校　清嘉慶六年（1801）掃葉山房刻本　三十册

書高23.5厘米，廣16厘米　半葉十行，行二十字，白口，雙黑魚尾，左右雙邊

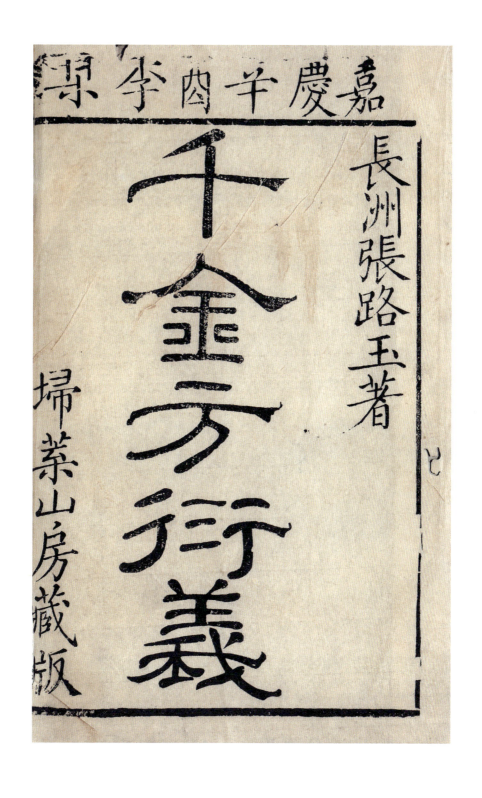

宗召見拜諫議大夫又固辭不受上元元年稱疾請
廣成豈虛言哉將授以爵位固辭不受顯慶四年高
師嗟其容色甚少譜曰故知有道者誠可尊重羨門
當有聖人出吾方助之以濟人及太宗即位召詣京
政徵爲國子博士稱疾不起常謂所親曰過五十年
宜帝時思邈以王室多故乃隱居太白山隋文帝輔
見而歎曰此聖童也但恨其器大適小難爲用也周
善談莊老及百家之說兼好譯典洛州總管獨孤信
孫思邈京兆華原人也七歲就學日誦千餘言弱冠

孫真人列傳

疑中道斷絕其中傷墮不可具論矣然五臟虛實交
心內傷五臟外損姿顏月水去留前後交互瘀血停
者衆陰所集常與濕居十四已上陰氣浮溢百想經
故也是以婦人之病比之男子十倍難療經言婦人
論曰夫婦人之別有方者以其胎妊生產崩傷之異

　　求子第一　　論六首　方一十五首
　　　　　　　　灸法六首　轉女爲男法三首

婦人方上凡九類

孫真人千金方衍義卷二

　　　　　　　長洲張　璐路玉著
　　　　　　　南沙席世臣郢客校

---

張璐（1617—1699），字路玉，晚號石頑老人，江南長州（今江蘇蘇州）人。張璐與喻昌、吳謙齊名，爲清初三大醫家之一。

本書係作者賴其一生六十餘年臨證體會，於《千金要方》探賾索隱數十載，仿明代趙以德《金匱方論衍義》體例而撰成此書。張氏不僅對原文進行細緻校勘，亦對其中方藥注釋發揮，爲歷史上唯一一部《千金要方》注釋之書。

# 雙桂堂稿十卷

（清）紀大奎編　清嘉慶十三年（1808）衙署刻本　五冊

書高24.6厘米，廣13.7厘米。半葉十行，行二十二字，小字雙行同，上下黑口，單黑魚尾，四周雙邊。

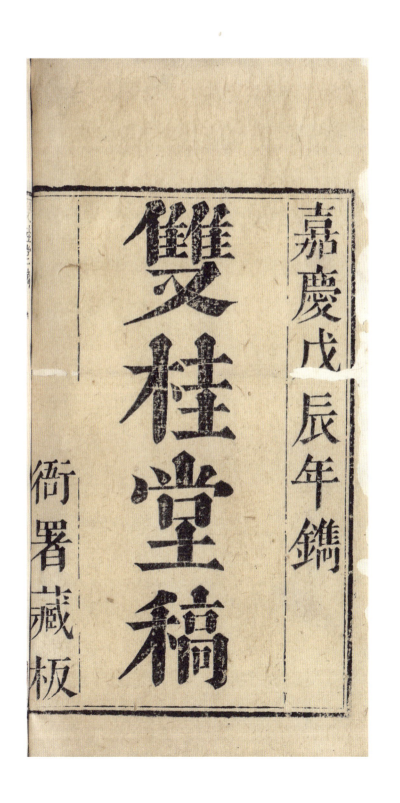

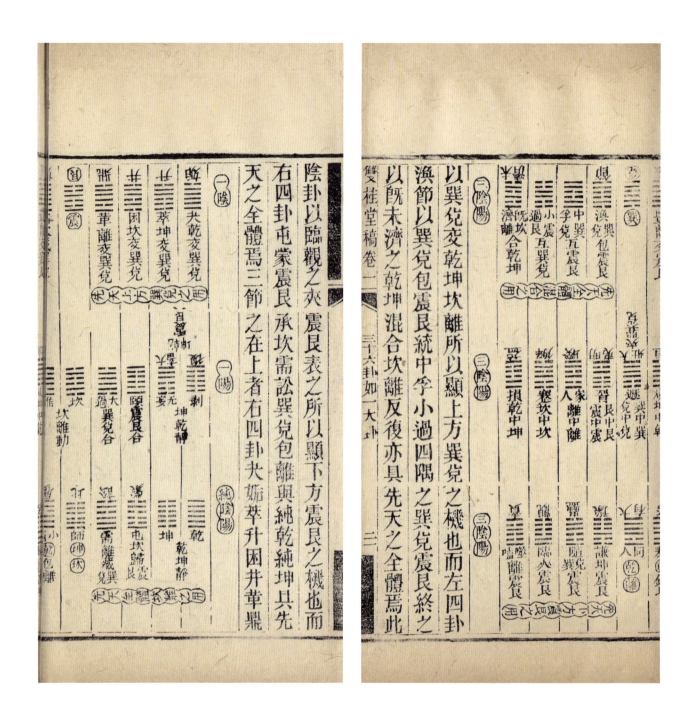

　　紀大奎（1756—1825），字向辰，號慎齋，江西臨川龍溪（今江西撫州）人。清代嘉慶時期史學家、文學家、數學家。

　　該書卷一《易簡知能説》《無極太極説》《易序三十六卦如一大卦説》，卷二《卦氣論》《易雜論》，卷三《觀易外編序》，卷八《周易附議三十八則》主要論述陰陽曆算、二十八星宿之事，圖文并茂。此外還有墓志銘、雜録、詩詞等内容，反映了作者在多個領域的深厚造詣。

五運圖地之宜二

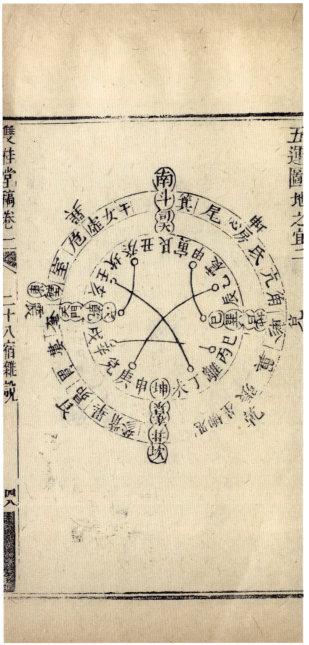

四八

觀鳥獸之文圖地之宜一段

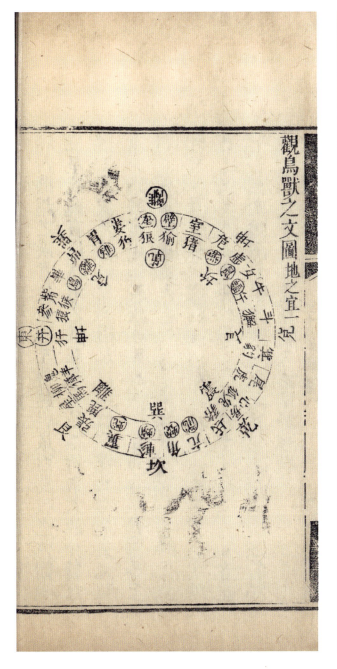

# 三指禪二卷

（清）周學霆著　清末上海掃葉山房石印嘉慶十五年（1810）刻本　二册

書高20厘米，廣13.1厘米。半葉十五行，行三十六字，小字雙行同，白口，單黑魚尾，四周雙邊。

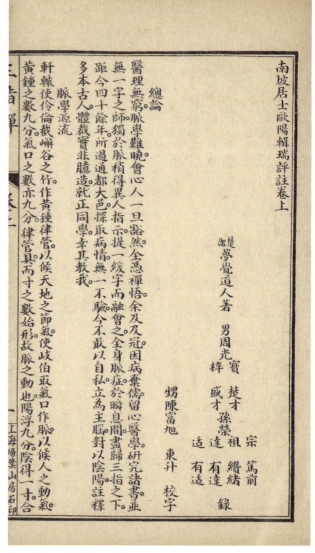

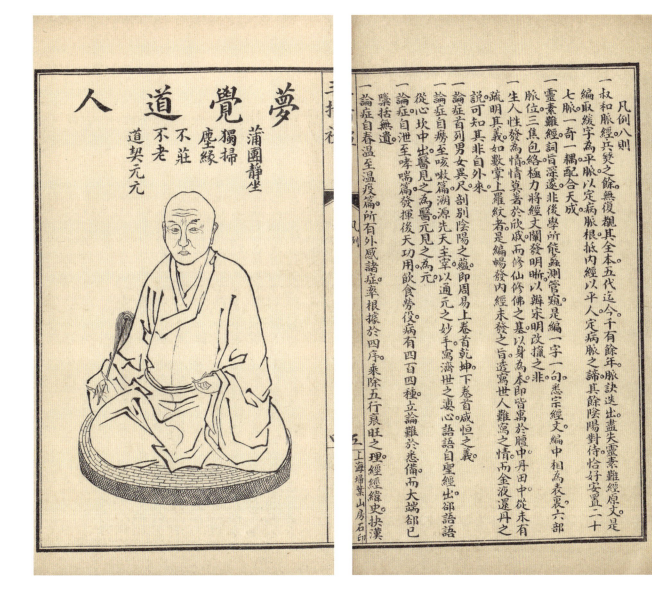

凡例八則

一、叔和脈經兵燹之餘，無復觀其全本。五代迄今，千有餘年，脈訣迭出，盡失靈素難經原文，是編取緩字為平脈，以定病脈根抵。內經以平人定病脈之諦，其餘陰陽對待恰好安置二十七脈，一奇一耦配合天成。

一、靈素難經詞旨深遠，非後學所能蠡測管窺。是編一字一句悉宗經文，編中相為表裏六部脈位，三焦包絡極力將經文闡發明晰，以難宋明改擅之非。

一、生人性發為情，莫著於欣戚，而修仙修佛之基，以身為本，即寫於臍中丹田中。從未有疏明其義，如數掌上羅紋者，是編暢發內經未發之旨，透寫世人難寫之情，而金液還丹之說可知其非自外來。

一、論首列男女異尺，剖別陰陽之蘊，即周易上卷首乾坤，下卷首咸恒之義。

一、論症自癆至咳嗽諸篇，溯源先天主宰，以通元之妙，千寫濟世之婆心，語語目聖經出郄語語，從坎中出醫元見之為元。

一、論症自泄至哮喘篇，發揮後天功用飲食勞役病，有四百四種，立論難於巷備，而大端郄已，論括無遺。

一、論症自春溫至溫疫篇，所有外感諸症，牽根據於四序，乘除五行衰旺之理，經經史史抉漢

五

上海埽葉山房石印

人　覺　夢
道
蒲團靜坐
獨掃塵緣
不莊不老
道契元元

三指禪

周學霆（1771—1834），字荊威，號夢覺道人，湖南邵陽人，清代著名醫學家。

周學霆認爲脉學難以通曉，全憑禪悟，"全身脉症，於瞬息間盡歸三指之下"，故以《三指禪》爲書名。除總論外，全書共載醫論八十一篇，詳細論述了診脉的部位、方法，以及常見病證的脉象特徵。《三指禪》將脉理、脉診與病因、病機、證候相結合，提出相應的治法和方藥，指導脉診學習實用性較強。

# 馮氏錦囊秘錄四十九卷

（清）馮兆張纂輯　清嘉慶十八年（1813）宏道堂刻本　二十冊

書高24.6厘米，廣15.9厘米。半葉九行，行二十二字，小字雙行同，白口，左右雙邊。

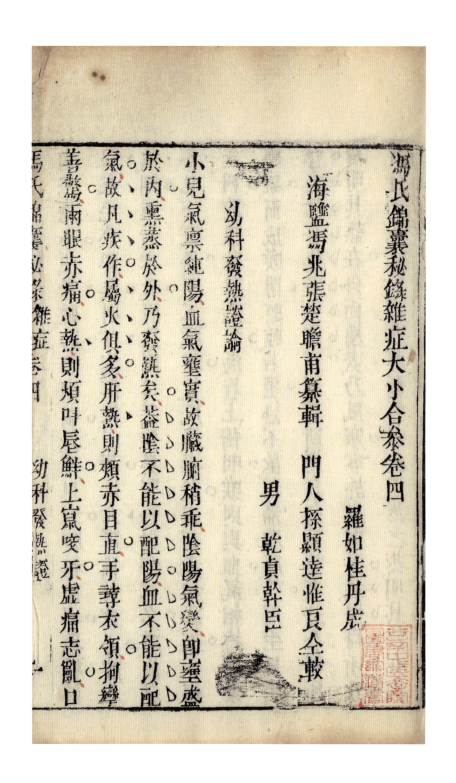

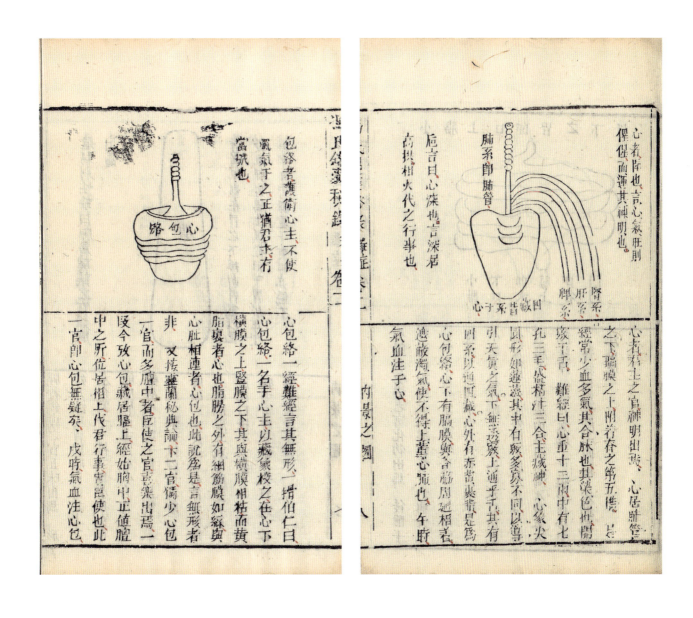

馮兆張，字楚瞻，浙江海鹽（今浙江嘉興）人，明崇禎至清康熙年間著名醫家。

此書由馮氏著作八種彙編而成，包括《痘疹全集》十五卷、《雜症痘疹藥性主治合參》十二卷、《雜症大小合參》十四卷、《內經纂要》兩卷、《脉訣纂要》一卷、《女科精要》三卷、《外科精要》一卷、《藥按》一卷。其內容涉及內、外、婦、兒諸科，馮氏尤善兒科及痘疹，對其生理病理、發病病機、處方用藥等方面均有諸多論述。

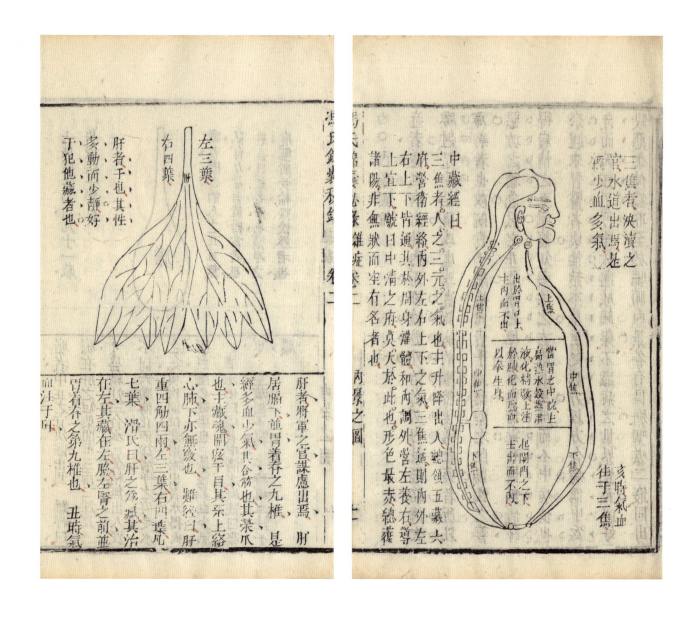

三焦者決瀆之官水道出焉是經少血多氣

亥時氣血往于三焦

中藏經曰三焦者人之三元之氣也主升降出入總領五藏六腑營衛經絡內外左右上下之氣三焦通則內外左右上下皆通其於周身灌體和內調外營左養於右宣布上焦曰中清之府號曰中焦曰下號曰中清之府諸陽非無狀而室有名者也

當胃之中脘主腐熟水穀為津液化精微上注於肺化而為血脈閹門之下主出而不內以奉生其形色最赤總養出於胃口上主內而不出

上焦
中焦
下焦

右四葉　左三葉

肝者干也其性家動而少靜好干犯他藏者也

肝者將軍之官謀慮出焉肝居膈下並胃著脊之九椎是經多血少氣其榮爪也主藏魂開竅于目其系上絡心肺下亦無竅也　難經曰肝重四觔四兩左三葉右四葉凡七葉　滑氏曰肝之為藏其治在左其藏在左脇左腎之前並胃著脊之象九椎也　丑時氣胃著脊之象九椎也前注于肺

清·道光

# 摘星樓治痘全書十八卷

（明）朱一麟撰　清道光六年（1826）耕樂堂刻本　十冊

書高26.9厘米，廣16.9厘米。半葉九行，行二十字，白口，單黑魚尾，左右雙邊。

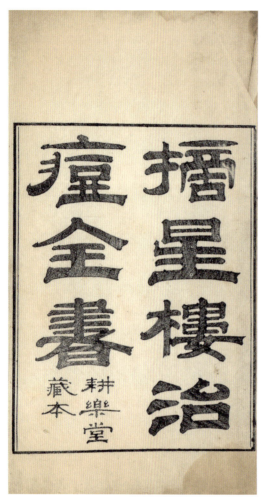
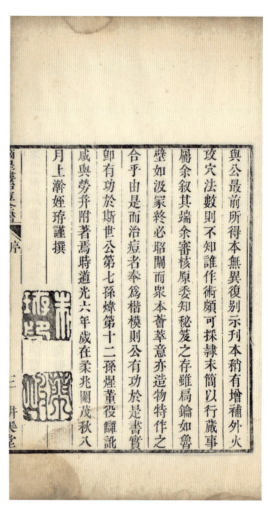

朱一麟，字應我，明涇川（今屬甘肅）人。初攻舉子業，後弃儒習醫，而尤精於痘疹。

　　是書爲痘疹專著，朱一麟彙集前世醫家痘疹諸論之精要，加以綜合歸納而成此書。書中首列痘症總論，其後詳盡論述痘疹各階段及其症狀、治療。不僅記載了自己的治痘經驗案例，還收錄了許多古方、藥物的性質解釋，以及痘症相關的雜論和種人痘的方法。書中所附"燈火攻痘法"一文及穴位圖，爲本書的一大特色。

# 本草原始合雷公炮製十二卷

（明）李中立撰　清道光十一年（1831）三畏堂刻本　六冊

書高23厘米，寬15.4厘米　半葉十行，行二十一字，小字雙行同，白口，單黑魚尾，左右雙邊。

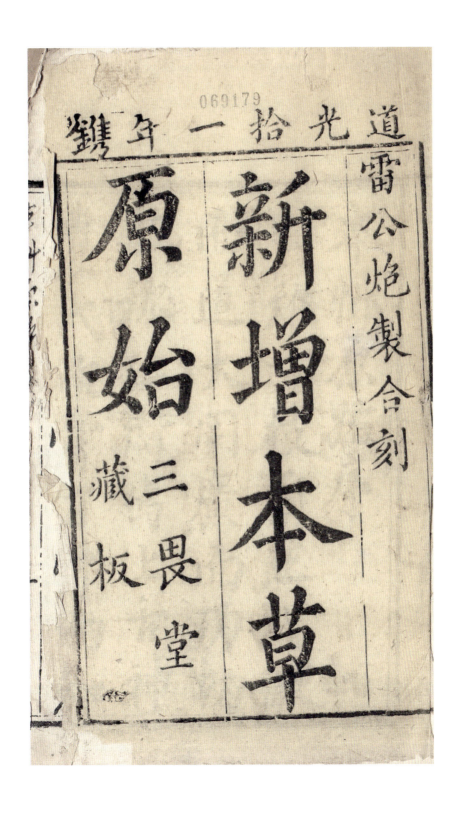

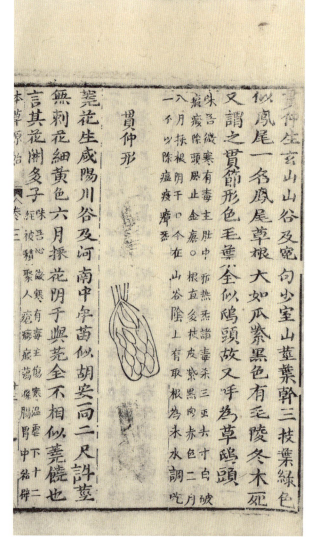 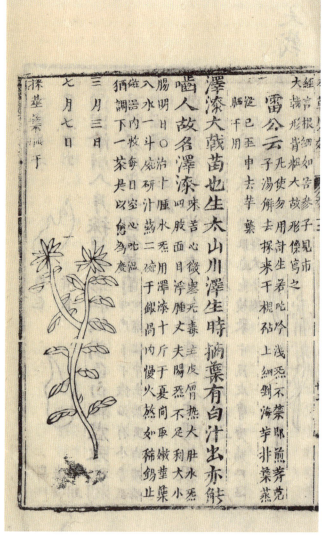

李中立，河南雍丘（今河南杞縣）人。明代醫家，精於本草。

是書爲《本草原始》之清道光十一年三畏堂刻本，對易混淆的中藥品種詳加考察鑒別，於後世之中藥學、中藥鑒別影響頗深。

# 傅青主女科四卷附產後編

（清）傅山著　清道光十一年（1831）石印本　二冊

書高20.2厘米，寬13.5厘米　半葉十八行，行四十字，小字雙行不等，下黑口，單黑魚尾，四周單邊

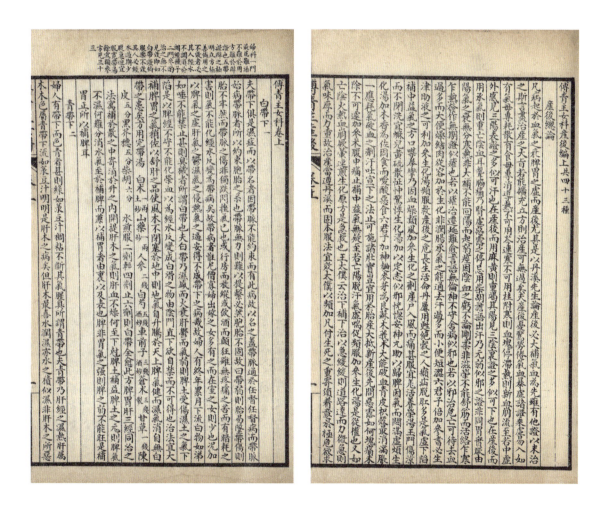

傅山（1607—1684），字青主，山西陽曲（今山西太原）人。明末清初時期集書法、畫作、醫學、思想、文學於一身的大家。

本書分女科上、下卷，產後編上、下卷。女科上卷詳述帶下、血崩、鬼胎、調經、種子五類疾病；下卷包含妊娠、小產、難產、正產、產後等。產後編上卷則列產後總論及產前後症忌宜、產後諸症治法等；下卷爲便數、咳嗽、腰痛等產後病症論治。書中於女科病因病機、辨證施治、遣方用藥等皆論述周全，且效之於臨床，對後世婦科影響深遠。

# 藥治通義十二卷

（日本）丹波元堅撰　日本天保十年（1839）存誠藥室叢書刻本　三冊

書高25.8厘米，廣16厘米。半葉十行，行二十四字，小字雙行同，白口，單黑魚尾，四周單邊。

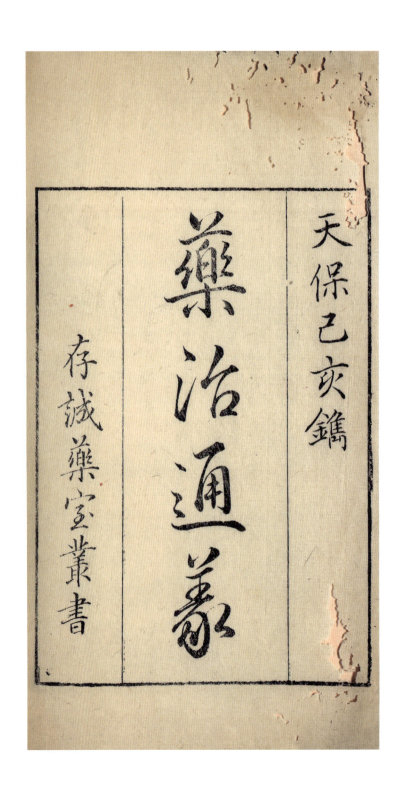

藥治通義卷二

者有與身熱各別者如感寒而身熱其腹亦因寒而痛此相合
者也如身熱為寒其腹痛又為傷食則各別者也又必審其食
為何食則以何藥消之其立方之法必切中二者之病源而後
定方則一藥而兩病俱安矣若不問其本病之何因及兼病之
何因而徒曰某病以某方治之其偶中者則投之或愈再以治
他人則此之何以愈之亦不知之則倖中者甚少而誤治者甚
效并前此之何以治彼效而治此不
終身治病而終身不悟歷症愈多而愈惑矣　醫學源流論
按丹溪本于經旨而洄溪之言殊為明切故併載之又張景
岳全書有求本論曰起病之因儓是病本萬病之本只此表

徐洄溪曰凡人之所苦謂之病所以致此病者謂之因如同一
身熱也有風有寒有痰有食有陰虛火外有鬱怒憂思勞怯蟲
症此謂之因知其因則不得專以寒涼治熱病矣益熱全而所
以致熱者不全則藥亦迥異凡病之因不全而治谷別者藥殊
則一病而治法多端矣而病又非止一證必有兼證焉如身熱
而腹痛則腹又為一證而腹痛之因又復不同有與身熱相合

秀而在上以漸蕃若病之有本變化難窮苟非求其本而治
之欲去深感之患不可得也　法類集
洋浩瀚派而趨下以漸大草之有本故能荐生莖葉舉宇宙
益火而蔚化其變證不勝其眾也譬如水之有本故能荐至汪

丹溪心法類集

丹波元堅（1755—1810），號桂山。日本著名漢醫學家。

本書系統闡述用藥的法則、方劑的配伍，汗、吐、下、清、溫、補等治法要旨，并對各種劑型、劑量、煎服法、藥物貯藏和外治法等有所介紹，是一部治療學專著。全書文章百餘篇，每篇均首引歷代醫家原文，再附以作者按語。

# 藥品化義十三卷

（明）賈所學著　清道光二十八年（1848）味無味齋刻本　二册

書高25.5厘米，廣15.5厘米。半葉十行，行二十字，小字雙行同，白口，單黑魚尾，左右雙邊。

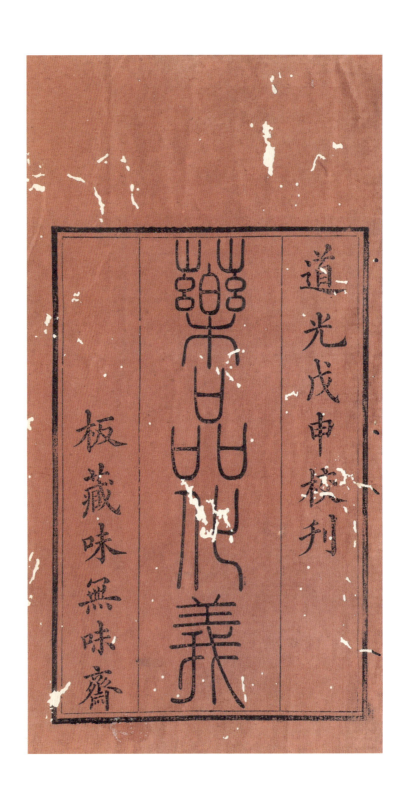

藥品化義

不足者補之以味也
用懷慶大生地酒蒸三次日晒乾銅刀切片南產
者細小氣味不香勿堪用如有膽痰薑汁拌加入

天麻屬陽　體重而實　色蒼白　氣和　味甘
　　　　　性平而緩　　　　能升能降　力緩肝
　（苦皆非云辛云云溫）入肝經

性氣與味俱薄

天麻性氣和緩經曰肝苦急以甘緩之用此以緩肝
氣蓋肝屬木膽屬風若肝虛不足致肝急勁不能
養膽則膽腑風動如天風之鼓蕩爲風木之氣故曰
諸風掉眩皆屬肝木由肝膽性氣之風非外感天氣
之風也是以肝病則筋急用此甘和緩其堅勁乃補

藥有真偽論

草木昆蟲產各有地失其地則性味異而優劣判矣
或一本而根梢有異或一味而咀咬不同豈可指鹿
爲馬徒取充籠認魯爲魚漫誇具眼致令奇方聖劑
介于效與不效之間可不惜乎如人參古推上黨今
則更推清河川西之當歸彰明之附子雅州之黃連
濟州之半夏華州之細辛杭州之麥冬懷慶之地黃
蘇州之薄荷甘州之枸杞於潛之白朮松江之天花
粉地骨皮嘉定之荊芥江右之撫芎蘄州之白花蛇
阿井之阿膠又如東壁土冬月灰半天河水熱湯漿

賈所學，字九如，駕洲（今浙江嘉興）人。明代本草學家，創"藥母八法"辨藥理論。

中藥藥性理論發展至明清，紛繁複雜，賈所學欲統諸說於一體，以令醫家用藥辨藥有據可循，故鑒於音韻訓詁之學，仿照字母等韻，而創藥母之說，提出藥母八法（即從體、色、氣、味、形、性、能、力八大維度構建辨藥體系），遂著成此書。卷首四篇係李延所補。卷一便爲藥母八法；卷二至十三，則分作氣、血、肝、心、脾、肺、腎、痰、火、燥、風、濕、寒十三類，據藥母理論詳論藥物一百四十八種。

清·咸豐

# 景岳全書六十四卷

（明）張介賓著　清咸豐三年（1853）元新堂刻本　二十五册

書高18.9厘米，廣12.3厘米。半葉十一行，行二十四字，白口，單黑魚尾，四周單邊雙邊兼有。

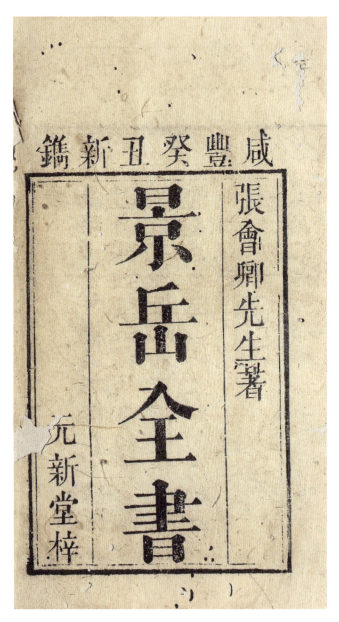

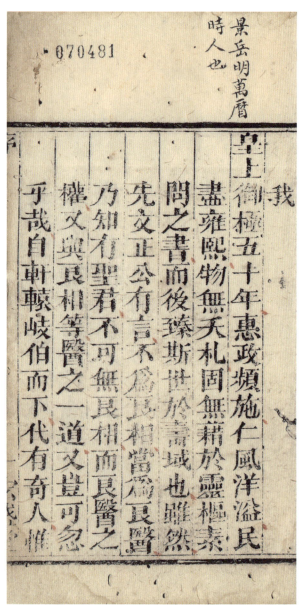

以故議多者審必敗者何以故也君子不多也欲辨
此多誠非易也然而充有不知幾曾一節止夫任醫
如任將皆安危之所關察之之方當無此理知者雖
觀其任而惴懼者寔有之類悟與否觀其智而是似之
果敢與會觀其男而遇濫者寔似之淺與者
者寔似之執拘者若有前謀熟讀鵝篇便見
滑洹不端道閒數部詞非盤鵝有惑不反者猶
到老無能執兩端者豈自然之大功厲四診者猶
得穩當名者無格致之明有曰
專門決非通達不明理性何物聖神又若以巳之心度人之心
者誠揆物之要道其於醫也則不可謂人巳氣血之難符三人

全書卷三
傳忠錄京師

錯節盤根必求利器陽春白雪和者爲誰夫如是醫之
尚不能知而知夫非醫者昧焉中之有假惟是而寔非鼓事
外之口吻發言非難搖反掌之安危惑亂最易使其言而非則
智者所見畧同精切者巳算無遺藥回無待其喜矣言而是則
大嚼任事之心見幾者寔無不被其惑而致快非者鮮矣此浮言之常
主者不有定見能無者雖什擇醫然而擇醫非難也而難於任醫
思也又若病家之要不有主持而不致朱紫混淆者
任醫非難也而臨事不惑有主持而不致朱紫混淆者
之爲更難也倘不知此而偏聽浮議廣集羣醫則騏驥不多得
何非羣此爲羣雖喔醫賢豪醫危急之際委誤不多得
妄之愀投疑似之秋豈可紛紜之錯亂一著之謬此生付之矣

張介賓（1563—1640），字會卿，號景岳，浙江山陰（今浙江紹興）人。明代著名醫學家，溫補學派代表人物。

全書共計六十四卷，達百萬字。爲景岳稟歸經旨，采諸家精義，考心得玄微，以成一家之書。全書首以《傳忠錄》，統論六氣陰陽。再列《脉神章》言診家之要。後次列《傷寒典》《雜證謨》《婦人規》《小兒則》《痘疹詮》《外科鈐》分述各科。另載《本草正》論藥三百餘味，《新方八陣》載方百八十六首，《古方八陣》錄方千餘。此外另輯婦人、小兒、痘疹、外科方四卷。書中方藥皆爲張景岳臨床心得之精粹，各科悉備，不愧爲中醫之"全書"。

# 傷寒附翼二卷

（清）柯琴撰　清咸豐四年（1854）刻本　二冊

書高23厘米，廣15.3厘米。半葉十行，行二十一字，小字雙行同，白口，單黑魚尾，四周單邊。

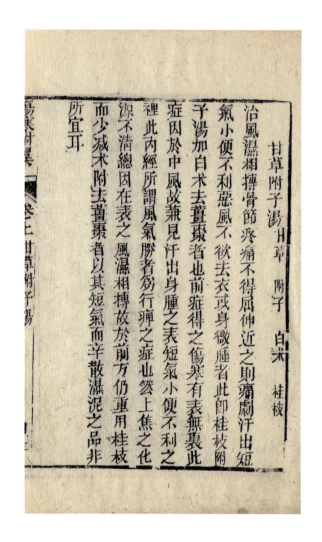

柯琴（1662—1735），字韵伯，號似峰，原籍浙江慈溪，後遷居虞山（今江蘇常熟）。清代著名醫家，對《傷寒論》的研究造詣較深。

本書兩卷，爲《來蘇集》論《傷寒》六經方藥部分。柯琴主張以法製方，以六經爲綱，强調氣味形色，解方析藥，亦注重實際。

# 惜抱尺牘八卷

（清）姚鼐撰　清咸豐五年（1855）小萬柳堂刻本　四册

書高28.4厘米，廣17.6厘米。半葉九行，行十八字，小字雙行同，白口，單黑魚尾，左右雙邊

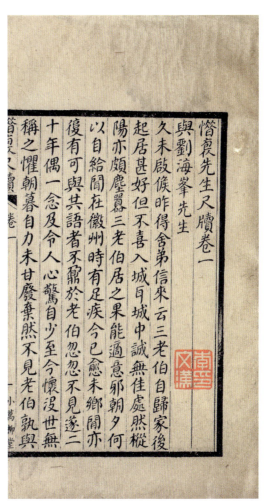

　　姚鼐（1731—1815），字姬傳，一字夢谷，室名惜抱軒，世稱惜抱先生、姚惜抱，安慶府桐城（今安徽桐城）人。與戴名世、方苞、劉大櫆并稱爲桐城派"四祖"。

　　該書收録姚鼐與劉海峰等人尺牘三百餘篇，不僅爲姚鼐生平考訂提供了第一手資料，亦爲其友人生平事迹提供佐證。該書爲解讀姚氏詩文，理解其學術思想，瞭解乾嘉時期漢宋之争及桐城派學術發展等提供大量史料。

# 傷寒醫訣串解六卷

（清）陳念祖著　清咸豐六年（1856）善成堂刻本　二冊
書高19.2厘米，廣12厘米。半葉九行，行二十一字，小字雙行同，白口，單黑魚尾，左右雙邊。

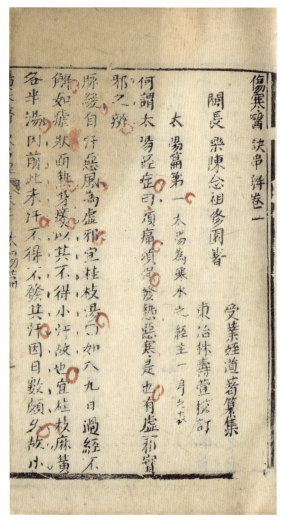
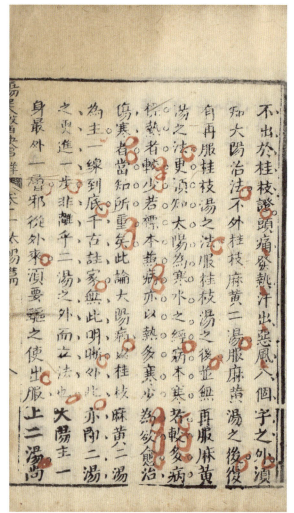

陳念祖（1753—1823），字良有、修園，號慎修，福建長樂（今福建福州長樂區）人。

　　本書是陳修園繼《傷寒論淺注》後，對《傷寒論》要旨的又一次闡發。該書據憑《內經》，以六經氣化爲根基，釋以標本中氣開闔樞，綜貫衍釋，分經審證辨析傷寒。爲繼錢塘二張詳述傷寒氣化學說後，又一次巨大發揮，從習者衆，影響深遠。

# 黃氏醫書八種

（清）黃元御著　清咸豐十年（1860）善成堂刻本　二十冊
書高24.1厘米，廣16厘米。半葉十二行，行二十四字，小字雙行同，白口，單黑魚尾，四周單邊雙邊
兼有。

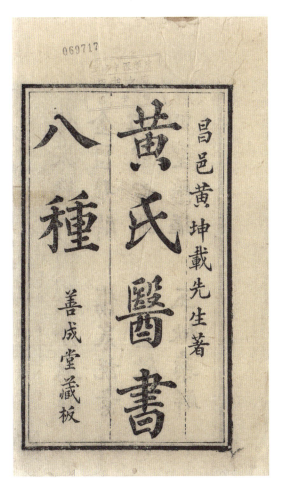
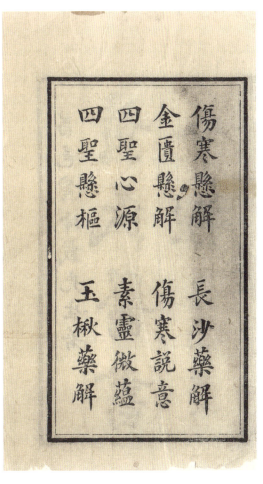

　　黃元御（1705—1758），名玉璐，字元御，一字坤載，號研農，別號玉楸子。清代著名醫學
家，尊經派代表人物，乾隆皇帝的御醫。

　　本書包括《四聖心源》十卷、《四聖懸樞》五卷、《素靈微蘊》四卷、《傷寒懸解》十六卷、
《傷寒說意》十卷、《金匱懸解》二十二卷、《玉楸藥解》八卷、《長沙藥解》四卷。黃元御提出
“左路木火升發、右路金水斂降、中焦土氣幹旋”的“一氣周流”學說，對後世影響深遠。

長沙藥解卷二

昌邑黃元御坤載撰

當歸　味苦辛微溫入足厥陰肝經養血滋肝清風潤木也

經脈之細微固肢節之逆冷緩裏急而安腹痛調產後而保胎

前能通姙娠之小便善滑產婦之大腸奔豘須用吐蚘宜加寒

疝芘艮溫經最效傷寒當歸四逆湯　當歸三兩芍藥三兩甘草二兩細辛
二兩　通草二兩
大棗二
十五枚　治厥陰傷寒脈細欲絕以肝司營血而流於

經絡通於肢節厥陰之溫氣虧敗營血寒澀不能充經絡而暖

肢節甘草大棗補脾精以榮肝當歸芍藥養營血而復脈桂辛

通草溫行經絡之寒澀也金匱當歸生薑羊肉湯　當歸三兩生
薑五兩羊肉

元　治寒疝腹痛脇痛裏急及產後腹痛以水寒木鬱侵尅巳土

當歸補血而榮木生薑羊肉行滯而溫寒也當歸芍藥散　當歸三兩

長沙藥解　卷二

# 醫原三卷

（清）石壽棠撰　　（清）石壽霖同參　　（清）石宗慶校　清咸豐十一年（1861）留耕書屋刻本　四
冊　存二卷

書高23.6厘米，廣15厘米。半葉九行，行二十一字，小字雙行同，白口，單黑魚尾，左右雙邊。

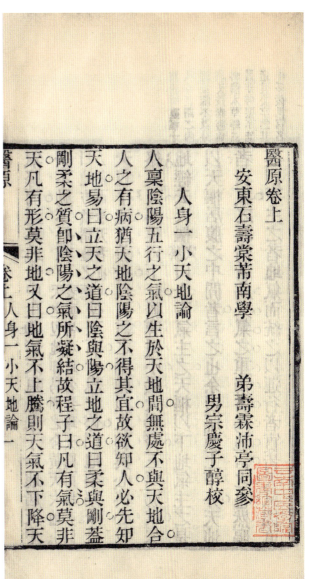

右頁：

老

此地凡皮膚肌肉經絡筋骨藏府之有形質而凝靜者
皆象地皆屬陰而皮膚肌肉經絡筋骨藏府之有空竅
以運行者皆象天皆屬陽精常先神相搏合而成形津理滕
發洩汗出漆涕唾口液也
中焦受氣取汁變化而赤是謂血
血化而赤是謂液
穀入氣滿淖澤注於骨骨屬屈伸洩澤補益腦髓潤皮膚是謂
液猶天地之有月與水也陽氣猶天地之有日與火也
故曰人身一小天地考天有九重最上一重為宗動天
左旋其肉八重天太陽天金星天水星天火星天右旋
逐日為宗動天裹之左旋是宗動天者乃一氣運行

醫原　卷上人身一小天地論一

左頁：

按素問靈樞十八卷皆謂之內經臨不及分別又按素靈與神農本草經三書非神聖不能道其蠆字然其日多後世官名

氣降而至於地中生物皆天氣也朱子曰地居天中
央不動不是在下天之包地如鳥卵之含黃天大地小
方靜而承天者也地之德使天有一息之停則地須陷下此
天包乎地之義也以人言之膈膜以上肺與心與心包
絡象天膈膜以下肝膽脾胃小腸大腸腎三焦膀胱象
地經云天樞穴臍以上天氣主之天樞以下地氣主之是
以天樞居腹之中間者言之也余以膈膜上下分天地
者以氣之輕清者為天氣之重濁者為地言之也然膈
膜以下主之者地氣而統之以運行者實皆天氣匪直

石壽棠（1805—1869），字芾南，江蘇安東（今江蘇淮安漣水縣）人。

本書原三卷，醫論二十篇，本館所藏佚一卷。石壽棠於《百病提綱論》中以"燥濕二氣爲百病之綱領"立論，欲以燥濕二氣統天地陰陽之氣，演醫之原末。從病因、病理、辨證、診治及藥性等諸多方面分析議論、探求病之源及治之本，理法俱全，論治涉傷寒、內、婦、兒各科。

# 清·同治

# 外科症治全生集四卷

（清）王維德輯　清同治三年（1864）樂善堂抄本　一册
書高25.2厘米，廣16.2厘米。半葉八行，行二十五字，小字雙行同。

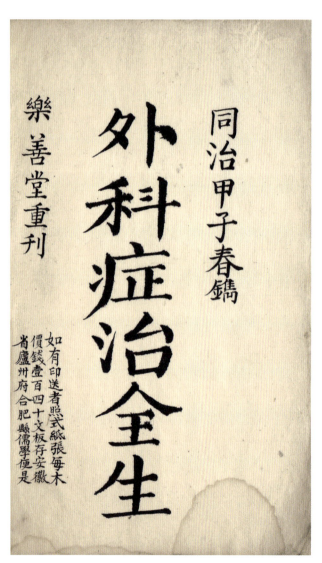

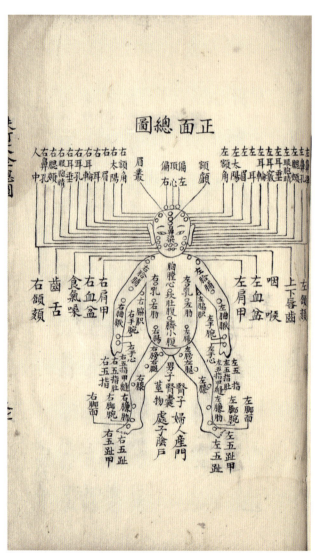

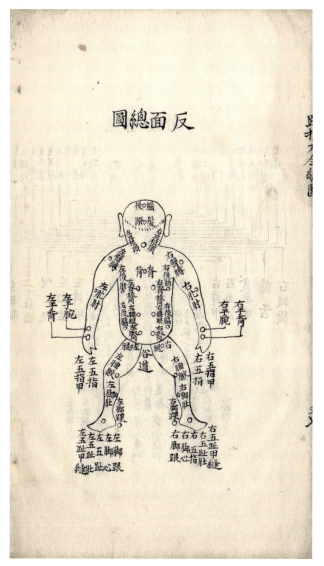

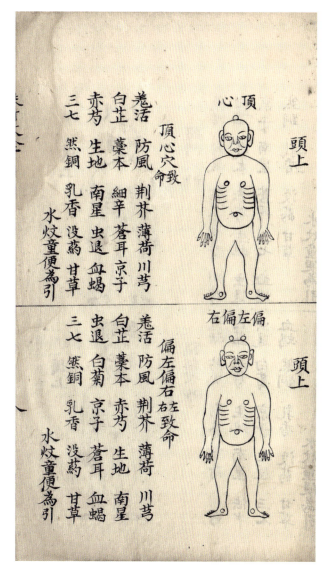

王維德，字洪緒，別號林屋散人，又號定定子，人尊稱林屋先生，江蘇吳县（今江蘇蘇州）洞庭西山人。其上三代均以醫爲業，尤專外科，創"全生派"。

《外科症治全生集》，全書四卷，爲王氏秉承家學，并積四十餘年臨床經驗編撰而成。此書先總論癰疽，述其病因、證候、診法。再按人體上、中、下三部分論外科病症，并兼以內、婦、兒各科治療經驗，載有外科效方七十五首，雜病驗方四十八首。另介紹二百餘種外科常用藥之效能及其炮製，并附驗案，甚便於臨床施用。

## 醫門棒喝一集四卷二集九卷

（清）章楠著　清同治六年（1867）聚文堂刻本　十二冊

書高24.4厘米，廣15.4厘米。半葉八行，行二十字，白口，單黑魚尾，左右雙邊。

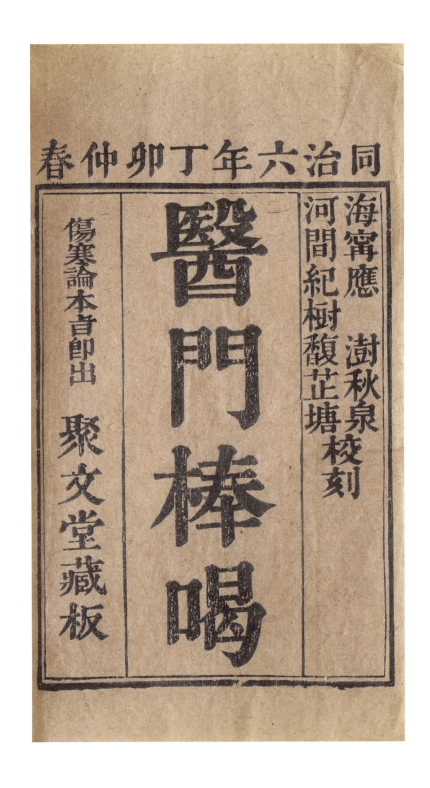

右頁

微有薄苔余曰經言
兩顴爲陰經不上
頭高此風邪客三陽
經也且脈證虛寒不
鮮其陽經困風邪反原
濕其內無怪因矣
乃重用荊防柴葛散
風佐牛蒡杏仁等利
利膈清痰加干薑二
草溫中以辨涼藥又
兩劑病減惡寒乃兩
劑且開喉消寒乃退

醫門棒喝　卷二　瘟疫

曰予其苔厚濁滿香初起白如積粉旋變醬色或黃
或黑四日神其心神憒憒似夢似醒躁擾不安問其
所苦不能清楚以告五日脈初起脈多沉數至數糢
糊不清或弱或伏皆由穢濁之邪壅蔽膜原神氣昏
蒙故也有是五者方爲瘟疫初用達原飲開泄膜原
使邪傳化傳化之後其脈象即不糢糊沉伏矣倘五
者之中止見二三或係暑濕風溫等證不可便作瘟
疫而用重藥凡治疫病於應用方中必加芳香逐穢

（注）達原飲　檳榔　厚朴　知母　黃芩　芍藥　草果　甘草

左頁

又嘗東垣治大頭瘟
制普濟消毒飲方是
涼瀉上焦法世皆遵
用鮮知辨別丁亥春
有貴婦人年逾五十
身發寒熱頭腫如斗
目閉鼻平頸以下肢
體皆不腫胸悶不食
醫用消毒飲不效繼
投大黃更危困余面
診視脈弦運無力余
晦無澤唇吻皆淡白

醫門棒喝　卷二

能治然人稟體究有虛實不同亦不可概施攻擊吳
又可論證頗詳而立法未免偏于峻猛或更辨證未
確將暑濕風溫等誤作瘟疫而治則病輕藥重戕賊
何堪余見世俗踏此斃者不少良由又可不究六氣
變化之理混指一切溫病爲瘟疫故也康熙間上元
戴麟郊先生推廣吳又可之論而著廣瘟疫論其辨
證要法有五學者最宜記取一曰氣瘟疫病氣臭穢
如屍氣與衆病氣不同二曰色其面色垢滯而晦三

---

章楠，字虛谷，浙江會稽（今浙江紹興）人。章楠從小身體羸弱，因久病而入醫道，是學術成就極高的醫學大家。

本書一集收錄論文二十七篇，附十三篇，冠以條例十則，以闡釋《傷寒論》及溫病學說爲主。《醫門棒喝》雜論醫學理論、診法治法及內、幼等科症治，并附醫案佐證。不僅從正面闡述原理，且評論諸家流弊，猶當頭一棒以警當世。章楠推崇葉桂，亦對劉河間、李東垣、朱震亨、張景岳諸家擇善而從，其對溫病的見解在當時名震醫壇。

章氏鑒於《傷寒論》辭簡意深，理法玄微，讀者難領要旨，遂重爲編注。參考《傷寒論條辨》，以"三綱"立論，闡述各經病症，撰成《傷寒論本旨》九卷，即《醫門棒喝二集》。

# 類經纂要三卷

（清）虞庠輯　清同治六年（1867）刻本　三冊

書高26.9厘米，廣16.7厘米。半葉十行，行二十二字，小字雙行同，白口，單黑魚尾，四周雙邊

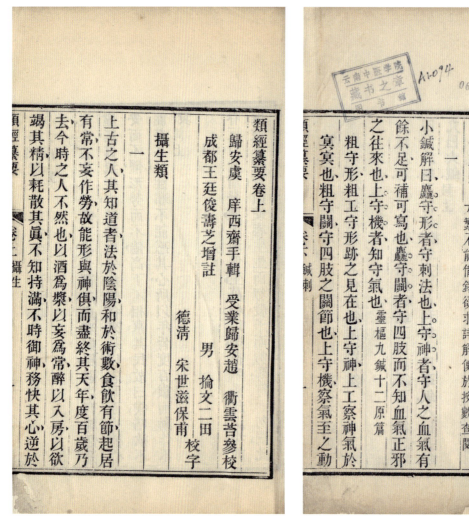

虞庠，字西齋，浙江歸安（今浙江湖州）人。

　　本書三卷，本書節錄《類經》重要原文，并增以簡要注釋。卷上輯攝生類五條、陰陽類五條、臟象類二十八條、脉色類三十七條、經絡類三十二條、標本類五條、氣味類一條、論治類二十條；卷中收疾病類九十六條；卷下收針刺類六十四條、運氣類四十四條及部分《難經》經文。

# 張隱菴傷寒論集註六卷

（漢）張仲景著　　（清）張志聰注　清同治九年（1870）刻本　六冊

書高19.9厘米，廣13厘米。半葉九行，行二十二字，白口，單黑魚尾，左右雙邊

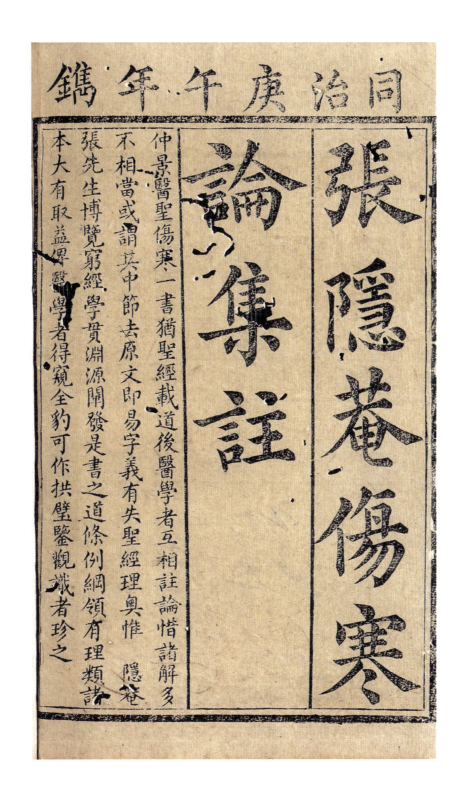

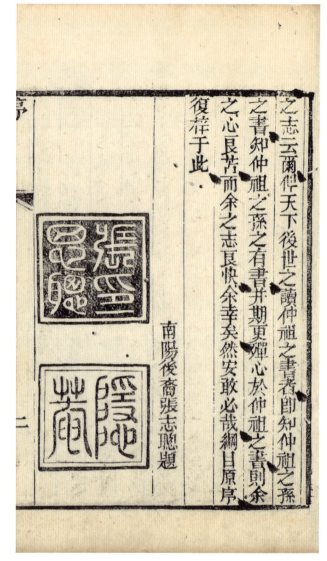

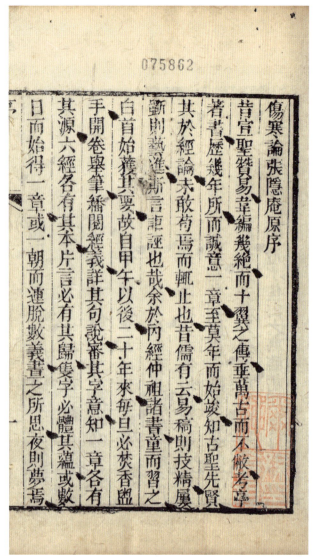

張志聰（1616—1674），字隱菴，浙江錢塘（今浙江杭州）人。清代著名醫家，師事名醫張卿子。建侶山堂，爲其與弟子們講學論醫的場所。

全書六卷，卷一至二爲太陽病上下篇；卷三爲陽明、少陽病篇；卷四爲太陰、少陰、厥陰病篇；卷五爲霍亂病、陰陽易、差後勞復病、痙濕暍病及諸可諸不可病篇；卷六爲辨脉法、平脉法篇。張志聰尊成無己、張卿子兩家，力主維護舊論，反對錯簡重訂，首創六經氣化之說，以五運六氣、標本中氣開闔樞解傷寒六經之生理病理。書中張志聰及其弟子高士宗對《傷寒論》的注釋精妙，六經氣化學說由此而大放异彩。

# 延生圖七卷延生寶訓一卷延生圖補遺一卷

清同治十三年（1874）青雲殿刻本　九册

書高24.5厘米，廣14.5厘米。半葉九行，行二十二字，白口，單黑魚尾，四周雙邊

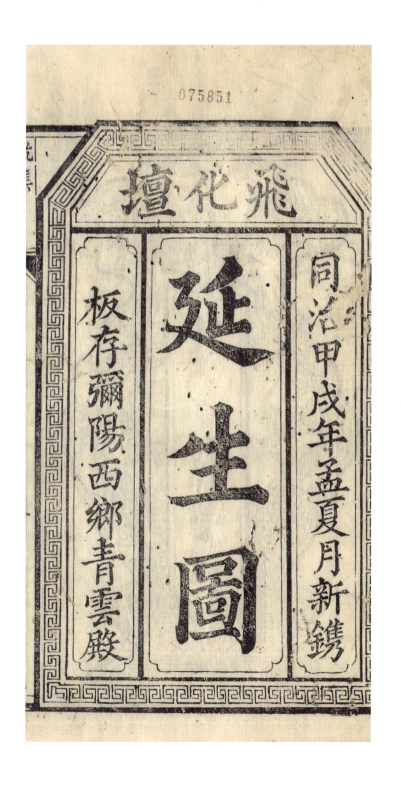

　　該書作者不詳，爲道醫著作，共九卷。本館所藏爲同治十三
年（1874）青雲殿刻本。

疏風鐵笛用防風薄荷荊芥與芎藭紫菀黃芩兼吳

芷獨活前胡並天雄如上白薇通神妙。配合明麻造

化工煉蜜宜施玉露水服後自識聖賢功。

防風　薄荷　前胡各五兩　荊芥　川芎　紫菀

獨活　天雄片　明天麻　吳白芷各四兩炒芩

白薇皮各三兩　　玉露水煉蜜為丸

皇素晏先生聲音第十八章

為主為門或為根聞而知之聖之能神明失守視喘

息。陰陽俱絕聽音聲正須仔細認悲促還向其中聆

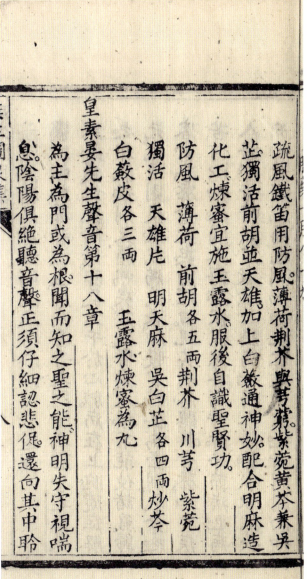

## 唐王燾先生外臺秘要四十卷

（唐）王燾輯　（清）程衍道訂　清同治十三年（1874）翰墨園刻本　四十冊
書高26.1厘米，廣16厘米。半葉十行，行二十二字，小字雙行同，白口，單黑魚尾，左右雙邊。

王燾，陝西祁縣（今陝西鄠縣）人，唐代著名醫家。

　　全書四十卷，集唐及唐以前醫著數十部，分類輯錄，凡內、外、婦、兒、五官諸科病症治法無所不備。該書對所輯錄的各家醫書，均署明作者、書名和卷數。本書文獻價值卓然，貢獻巨大，唐以前諸多散失方書醫著，多賴此書存其梗概而得以流傳。故而後世醫家多將其與孫思邈《千金方》相并而論。

清 · 光緒

# 徐氏醫書八種

（清）徐大椿撰　　清光緒四年（1878）掃葉山房刻本　　五冊　　存六種

書高25.8厘米，廣15.8厘米。半葉九行，行二十五字，小字雙行同，白口，單黑魚尾，左右雙邊。

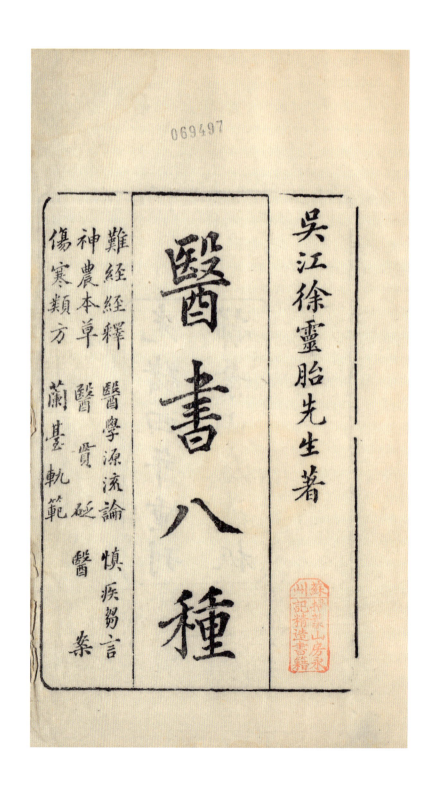

《難經經釋》

五藏有七神各何所藏也。然則五藏者人之神氣所舍藏也。故肝藏魂、肺藏魄、心藏神、脾藏意與智、腎藏精與志也。

其聲、其臭、其味、其液、其色。青者木之色也。其臭臊、其味酸、其聲呼、其液泣。心色赤、其臭焦、其味苦、其聲笑、其液汗。脾色黃、其臭香、其味甘、其聲歌、其液涎。肺色白、其臭腥、其味辛、其聲哭、其液涕。腎色黑、其臭腐、其味鹹、其聲呻、其液唾。是五藏聲色臭味也。

徐大椿（1693—1771），字靈胎，號洄溪，江蘇吳江（今江蘇蘇州）人。

本書是一部綜合性的中醫著作，館藏是書存《難經經釋》二卷、《醫學源流論》二卷、《慎疾芻言》一卷、《神農本草經百種錄》一卷、《洄溪醫案》一卷、《醫貫砭》二卷。佚《傷寒論類方》《蘭臺軌範》。

# 四時病機六卷

（清）邵步青輯　清光緒四年（1878）震澤莊元植署刻本　六冊
書高26厘米，廣15.2厘米。半葉十行，行二十一字，小字雙行同，白口，單黑魚尾，左右雙邊。

　　邵登瀛，字步青，江蘇吳縣（今江蘇蘇州）人。師從名醫薛雪，盡得其傳，爲吳中良醫。

　　是書據四時之序論述春溫、濕溫、暑病、瘧疾、伏暑、冬溫等諸類溫病，邵氏引《內經》《傷寒論》《金匱要略》，參以諸家之論，并附名家驗案及個人臨證心得，以明論治之道。書中於溫病之機理與診治多有精妙之處。

# 疫喉淺論二卷

（清）夏雲撰　清光緒五年（1879）存吾春齋刻本　二册

書高24.7厘米，廣15.6厘米，半葉九行，行二十二字，小字雙行同，白口，單黑魚尾，左右雙邊

　　夏雲，字春農，又字繼昭，號耕雲老人、拙庵稀叟，江蘇廣陵（今江蘇揚州）人。少習儒，後從同鄉名醫楊慕昭，長於外感，尤精喉症。

　　道光年間疫喉流行，夏雲擅治喉症，故參閱諸書，結合個人經驗撰成此書。上卷爲疫喉總論，從圖像起，至辨論疫喉痧形證四言要略止，計八則；下卷爲疫喉證治方藥，分清透、清化、下奪、救液之劑。後附應用方（多爲外用方）。夏雲主張疫喉治法，首當辛凉透表，繼用苦寒泄熱，末宜甘寒救液，并首立清咽湯治療疫喉初起。

# 中藏經七卷

題（漢）華佗撰　　（清）徐舜山重校　清光緒六年（1880）上虞蘭蘭山房刻本　二冊

書高24.1厘米，廣15.4厘米。半葉九行，行二十五字，小字雙行同，白口，單黑魚尾，左右雙邊。

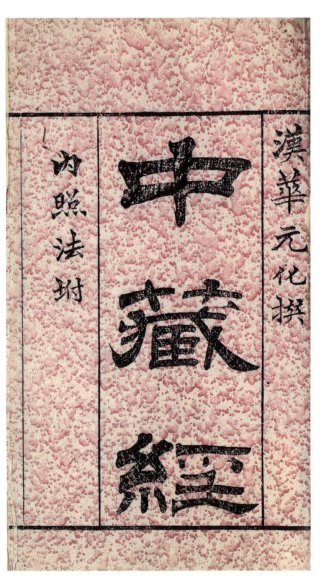
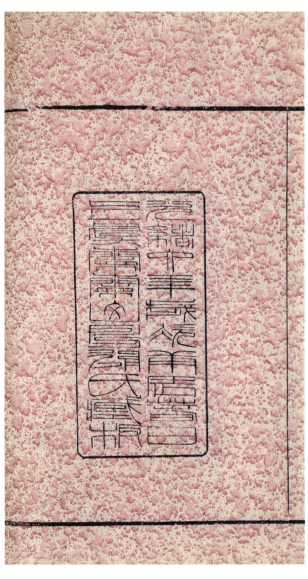

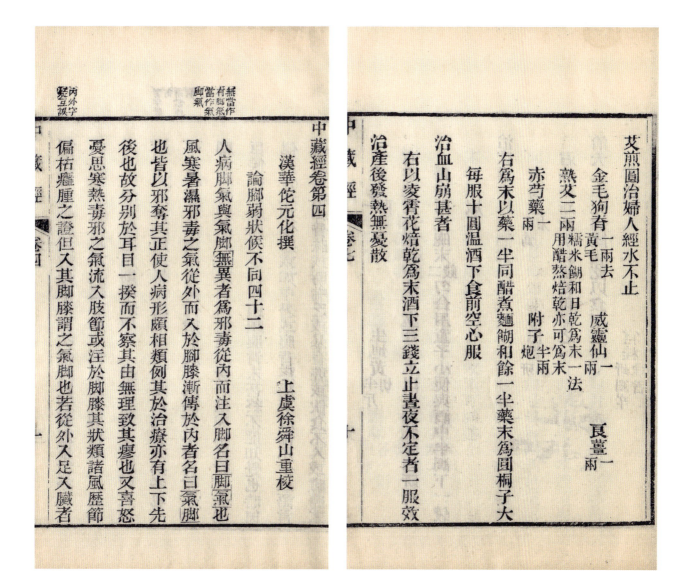

艾煎圓治婦人經水不止

金毛狗脊　　　威靈仙一兩
一兩去黃毛　　良薑一兩

熟艾二兩　　　　　　一法
糯米餬和日乾爲末
用醋熬焙乾亦可爲末

赤芍藥一　　　附子炮
兩

右爲末以藥一半同醋煮麪餬和餘
一半藥末爲圓桐子大

每服十圓溫酒下食前空心服

治血山崩甚者

右以凌霄花焙乾爲末酒下三錢立止晝夜不定者一服效

治產後發熱無憂散

中藏經卷第四

漢華佗元化撰

上虞徐舜山重校

論腳弱狀候不同四十二

人病腳氣與腳無異者爲邪壽從內而注入腳名曰腳氣也

風寒暑濕邪毒之氣從外而入於腳膝漸傳於內者名曰氣腳

也皆以邪奪其正使人病形頤相類倒其於治療亦有上下先

後也故分別於耳目一揆而不察其由無理致其瘳也又喜怒

憂思寒熱毒邪之氣流入肢節或注於腳膝其狀類諸風歷節

偏枯癰腫之證但人其腳膝謂之氣腳也若從外入足入臟者

華佗，字元化，沛國譙縣（今安徽亳州）人，東漢末年著名醫學家。

本書疑爲六朝時人托名華佗之作。全書醫論有四十九篇，前半部分討論了臟腑生成、證候脉象、病理分析、陰陽學說等醫理，以及臟腑的虛實寒熱辨證、生死逆順之法。後半部分論述各科疾病證治方藥，所列諸方配伍精當，方論尤有精義。書末并附《內照法》六篇，發《內經》《難經》之義，詳論五臟病證脉治，診法之要，尤其強調望診，以望知死生，隔體而見臟腑。

# 傅青主男科二卷

（清）傅山著　清光緒七年（1881）石印本　二冊

書高20.2厘米，廣13.5厘米。半葉十八行，行四十字，小字雙行同，下黑口，單黑魚尾，四周單邊。

　　傅山（1607—1684），字青主，山西陽曲（今山西太原）人。明末清初時期集書法、繪畫、醫學、文學成就於一身的大家。

　　本書是我國現存第一部以"男科"命名的中醫著作，分傷寒、火症、鬱結等二十三門，每門分列病證，先論後方。雖言"男科"，書中亦兼兒科、外科及女科病證之論，其中女科內容，多係《傅青主女科》所未載者。書中闡述證治特點，創製新方、驗方，後世臨證多驗，可資參閱。

# 重刊補註洗冤録集證六卷

（宋）宋慈撰　（清）王又槐增輯　（清）李觀瀾補輯　（清）阮其新等補注　清光緒八年
（1882）京都文寶堂刻本　六册
書高25.7厘米，廣15.5厘米　半葉十行，行十八字，小字雙行同，白口，單黑魚尾，左右雙邊

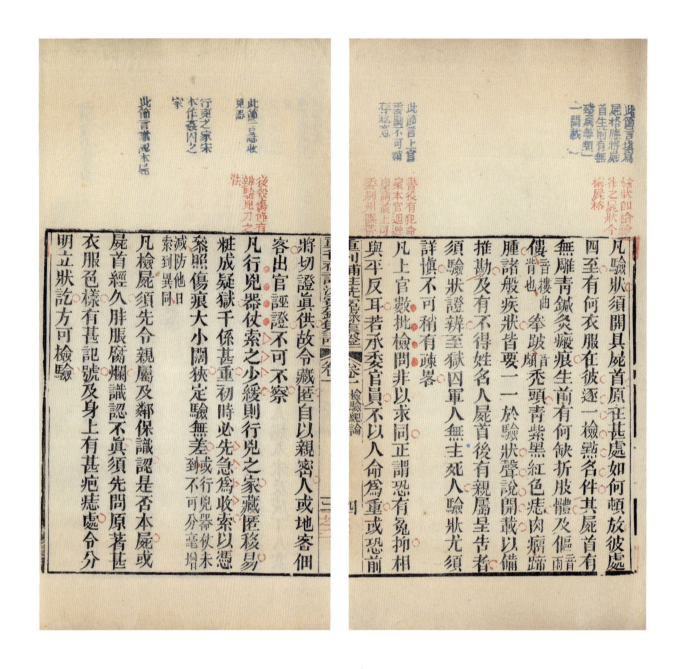

宋慈，字惠父，福建建陽（今屬福建南平）人，南宋法醫學家。

本館館藏是書爲萍鄉文晟重刊五色套印版本，在形式上體現了中國傳統印刷的精美技藝。宋慈《洗冤集錄》係世界上第一部法醫驗尸著作，宋淳佑年間成書，其後增補考訂之作層出不窮。嘉慶年間王又槐對《洗冤集錄》進行輯錄和增補，書名命爲《洗冤錄集證》。其後，李觀瀾、阮其新、文晟對《洗冤錄集證》進行增刪修訂，并彙輯各種同類著作，書名命爲《補註洗冤錄集證》。本書是清代官員補輯考訂《洗冤錄》集大成之作，亦是暸解清代刑律勘驗制度的一本生動教科書。

# 葉氏醫案存真四卷

（清）葉桂著　（清）葉萬青校　清光緒九年（1883）刻本　四冊

書高24.5厘米，廣15.3厘米。半葉九行，行二十一字，小字雙行同，上下黑口，雙黑魚尾，左右雙邊。

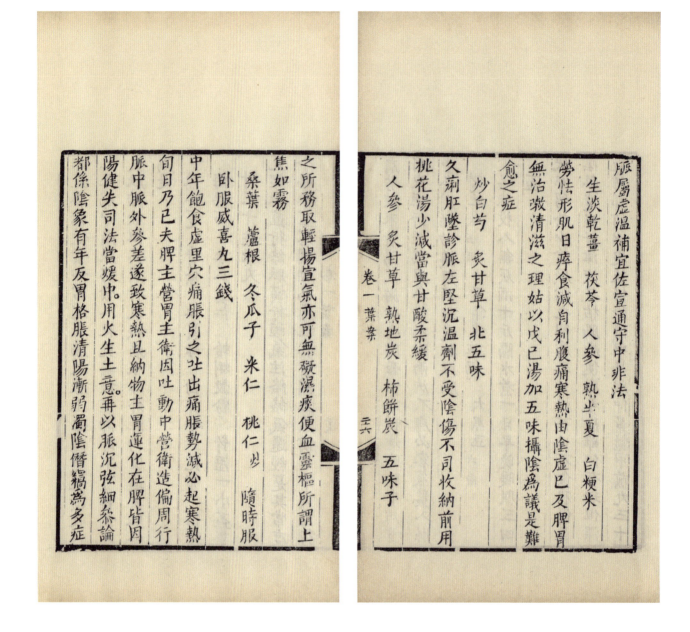

都係陰象有年及胃格脹清陽漸弱屬陰儜稿爲多症
陽健失司法當煖中。用火生土意再以脈沉弦細絫論
脈中脈外參差遂致寒熱且納物主胃運化在脾皆因
旬日乃已夫脾主營胃主衛因吐動中營衛造偏周行
中年飽食虛里穴痛脹引之吐出痛脹勢減必起寒熱
卧服威喜九三錢
桑葉　蘆根　冬瓜子　米仁　桃仁炒　隨時服
焦如霧
之所務取輕揚宣氣亦可無嫌濕痰便血靈樞所謂上

卷一葉案　三六

人參　炙甘草　熟地炭　柿餅炭　五味子
炒白芍　炙甘草　北五味
久痢肛墜診脈左堅沉溫劑不受陰傷不司收納前用
桃花湯少減當與甘酸柔緩
無治嫩清滋之理始以戊已湯加五味攝陰爲議是難
勞怯形肌日瘁食減肖利腹痛寒熱由陰虛巳及脾胃
生淡乾薑　茯苓　人參　熟半夏　白粳米
脈屬虛溫補宜佐宣通守中非法
愈之症

葉桂（1667—1746），字天士，號香巖，別號南陽先生，江蘇吳縣（今江蘇蘇州）人。溫病"衛、氣、營、血"思想創始人，被尊爲溫病學派代表。

本書前三卷爲葉桂醫案，由其玄孫葉萬青取家藏及《天元醫案》中所載葉案予以輯刊，全書不分類別，保持了原始醫案的真實性。病案以內傷虛勞病症爲主，辨證確切，理法方藥俱備。卷末附馬元儀《印機草》一卷及祁正明、王晋三醫案數則。書中文字質樸，少有斧鑿，可供臨床參考。

# 内經知要二卷

（清）李中梓輯　（清）薛生白校　清光緒十一年（1885）蘇州綠慎堂刻本　二册
書高23.4厘米，廣15厘米。半葉九行，行十八字，小字雙行同，上下黑口，雙黑魚尾，四周雙邊。

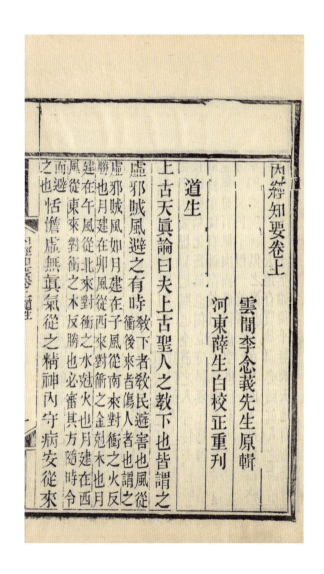

李中梓（1588—1655），字士材，號念莪，又號盡凡，明末清初著名醫學家。

醫著卷帙浩繁，意欲後學之輩明其概貌，無失其徑。作者擇《内經》所論至要者，以類相從，并簡要注釋，輯爲上下兩卷，分爲道生、陰陽、色診、脉診、臟象、經絡、治則、病能八篇。其分類精當，爲歷代所推崇。

# 福幼編一卷

（清）莊一夔著　清光緒十一年（1885）壩尊古堂刻本　一册

書高22.8厘米，廣12.9厘米。半葉八行，行二十四字，小字雙行同，白口，單黑魚尾，左右雙邊。

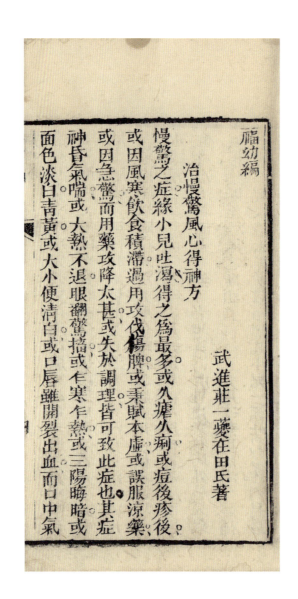

莊一夔，字在田，號讓齋，江蘇武進（今江蘇常州）人，清代名醫。

　　本書專論小兒慢驚風，列證因十四條，驗方二首，治驗三則。莊一夔主張治慢驚之要在溫補兩字，反對寒涼攻伐，後世兒科臨證於此多受啓發。

# 産寶一卷

（清）倪枝維撰　　（清）許槤訂正　　清光緒十二年（1886）滇省惇典堂刻本　一冊

書高20厘米，廣12.5厘米。半葉九行，行二十字，上下黑口，單黑魚尾，四周雙邊。

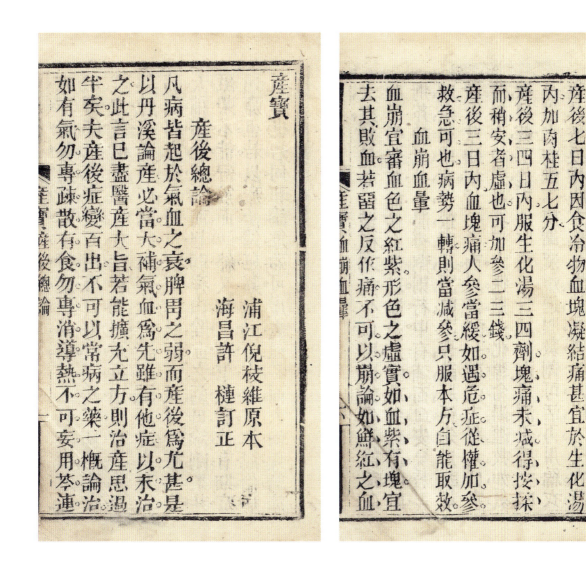

倪枝維，字佩玉，號鳳賓，浙江浦江（今浙江金華）人。清代醫家，精於産科。

是書有別於唐代咎殷所撰《經效産寶》（亦稱《産寶》）。本書重點論述産後諸病。首列産後總論，分論胞衣不下、塊痛、血崩血暈、手足厥冷、類傷寒、類中風、類瘧、妄言妄見諸雜症及産後調護法。

# 世補齋醫書三十三卷

（清）陸懋修著　清光緒十二年（1886）山左書局刻本　十册
書高23.6厘米，廣15厘米。半葉十行，行二十三字，小字雙行同，白口，單黑魚尾，四周雙邊。

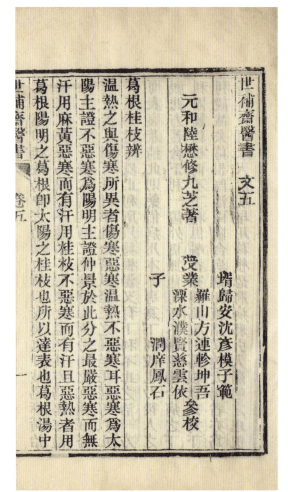

陸懋修，字九芝、勉旃，號江左下工、林屋山人，江蘇元和（今江蘇蘇州）人，清代醫家。

本叢書收錄陸懋修醫著六種，共計三十三卷。《文》十六卷爲其醫學論文集；《不謝方》一卷，載陸氏自裁方二十八首；《傷寒論陽明病釋》四卷；《内經運氣病釋》九卷（附《内經·遺篇病釋》一卷），詳述運氣之説，認爲依據運氣可推知疾病所生及防治策略；《内經運氣表》一卷，繪圖十三，以釋運氣；《内經難字音義》一卷，注難字六百八十一。

# 滇南草本三卷附醫門擎要二卷

（明）蘭茂著　清光緒十三年（1887）務本堂刻本　五冊

書高24.4厘米，廣16.3厘米。半葉九行，行二十四字，小字雙行同，白口，單黑魚尾，四周單邊。

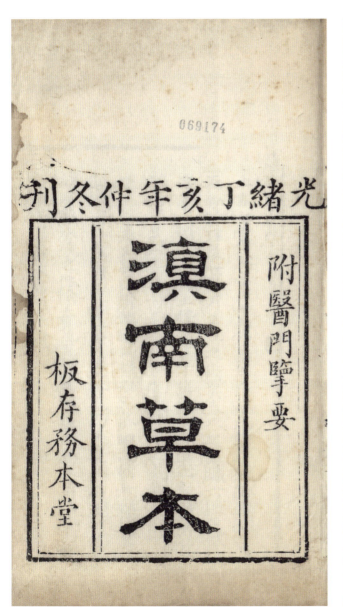

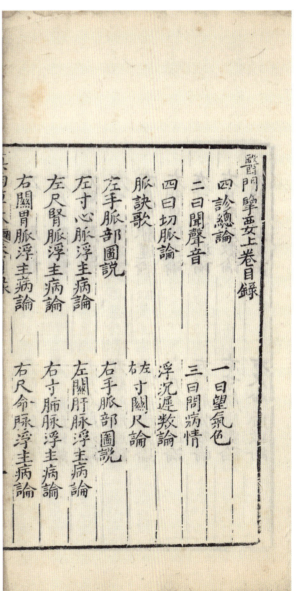

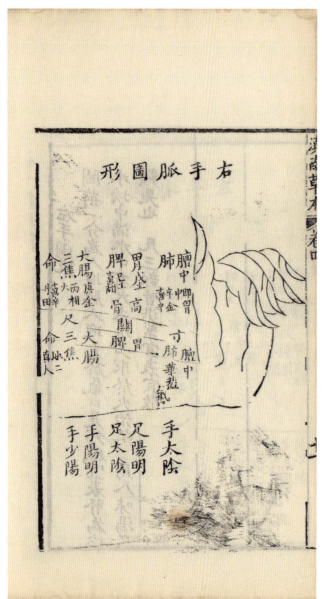

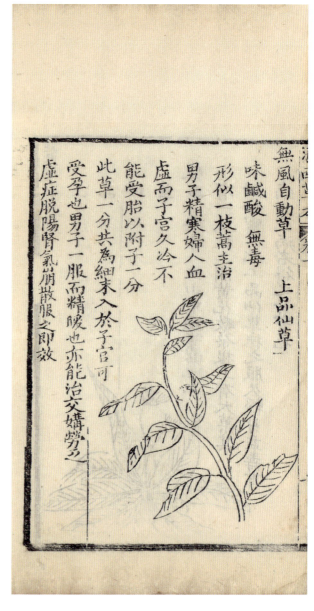

　　蘭茂（1397—1496），字廷秀，號止庵，外號和光道人、洞天風月子、玄壺子等，雲南楊林（今雲南嵩明）人。明代醫藥學家、音韵學家、詩人、教育家、理學家。

　　此書共三卷，分上、下兩冊，附《醫門擥要》兩卷。卷一上爲圖注，載藥六十八條，附圖六十八幅；卷一下載藥八十三條；卷二載藥一百三十四條；卷三載藥一百七十一條，三卷共載藥條目四百五十六條。本書比《本草綱目》成書早一百四十餘年，所載藥物分布於雲南各地，具有顯著的雲南區域植物、動物特徵和雲南民間、民族用藥特點，在滇中地區影響甚廣，被奉爲"滇中至寶"。

# 侶山堂類辯二卷

（清）張志聰撰　清光緒十五年（1889）抄本　二冊
書高25厘米，廣15.6厘米。半葉十行，行二十字。

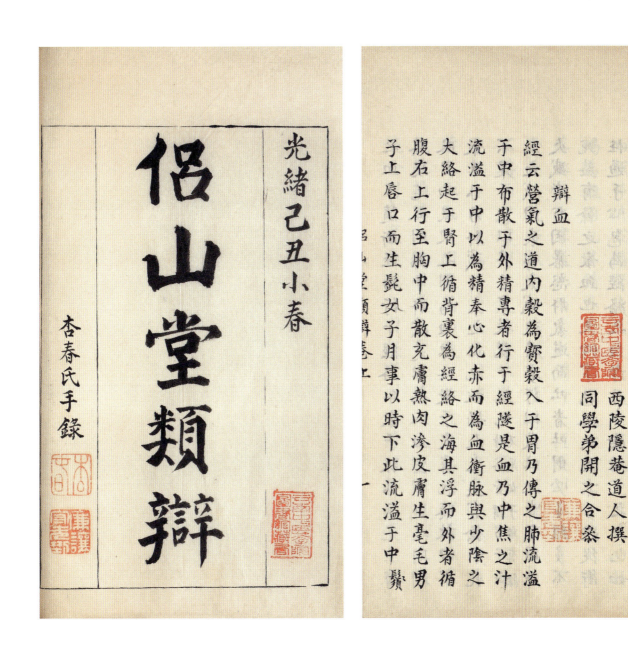

之道也分三陰三陽者治病之法也如邪在皮膚則
傷太陽之氣或有傷於脾邪在肌腠則傷少陽陽明
或有傷於脾邪中少陰則有急下急温之標本邪中
厥陰則有或寒或熱之陰陽岫在天之六氣傷人之
三陰三陽猶恐其不能分理而可以一氣論乎若謂
正氣虛者補中下二焦之元氣以禦六淫之邪則可

辯兩腎

門人朱濟公問曰有云兩腎皆屬水命門居兩腎之
中在脊之十四椎內為三焦生氣之原有如坎中之
滿此說甚為有理曰此不經之語耳夫醫道始於黃

四

膀胱腎為水藏受五藏之精而藏之故少陽之氣發
于腎藏水穀入胃津液各走其道五藏主藏精者也
是三陰之氣生于五藏之精故欲養神氣者先當守
其精焉夫一陰一陽者先天之道也分而為三陰三
陽者後天之道也于不以陰陽之離合血氣之生始
是謂失道客曰三陰三陽敬聞命矣請言其合也曰
而謂合者乃先天之一炁上通于肺合宗氣而司呼
吸者也夫有生之後皆屬後天故藉中焦水穀之精
以養先天之精炁復藉先天之元炁以化水穀之精
微中下二焦互相資益故論先後天之精氣者養生

　　張志聰（1616—1674），字隱菴，浙江錢塘（今浙江杭州）人。清代著名醫家，師事名醫張卿子。建侶山堂，爲其與弟子們講學論醫的場所。

　　本書係張氏與其門人、學友探討醫理、講論方藥的專題文集。上卷多以問答形式雜論醫理，對臟腑功能、病原、病症、病種、證治等内容分題予以辨析，計文六十四篇；下卷以本草、方論爲主，詳論藥味四十餘種。書中張氏以嚴肅的態度對古醫書及醫家謬誤之處給予糾正，對六經和臟腑氣化多有發揮，爲張氏學術思想的集中反映。

涩此邪入之有淺深而病之有死生輕重也夫天有
六淫之邪人有六氣之化邪襲于陽則為熱化中于
陰則為陰寒濕盛者則痰涎上壅燥盛者則腸胃下
結邪氣盛者則病氣氣形氣皆盛正氣虛者則病氣形
氣皆虛總屬天之風邪而人身中有寒熱燥濕虛實
之化是以河間謂中風主于火丹溪謂主于痰東垣
謂主于氣又曰中風之病惟年老者有之此皆未明
陰陽氣化之道也夫喎僻拘攣目斜不語在童稚則
為急慢驚風在少壯則為中風卒暴子一妊女年二
十餘體甚豐厚精神強旺六月盛暑恒貪風凉臨窗

緩而用平易之劑又何異于毒藥乎予故曰服平和
湯而愈者原不死之病勿藥亦可服平和湯而後成
不救者醫之罪也

## 中風論

夫邪之中心也有皮骶骨府藏之淺深有陰陽于脈
寒熱燥濕之氣化況風之善行而數變是以傷于皮
毛則為頭痛發熱欬嗽肭滿之輕證入于血脉則肌
膚不仁或為癧瘍或為腰疼邪在肌肉筋骨則為痛
痺或為拘攣或為瘲泄或為燥枯邪入于腹而為偏枯
結邪入于府即不識人邪入于藏舌即難言口唾痰

# 評選四六法海八卷

（清）蔣士銓撰　清光緒十五年（1889）嶺南雲林閣石印本　八冊
書高19.1厘米，廣12厘米。半葉九行，行二十字，小字雙行同，白口，單黑魚尾，四周雙邊。

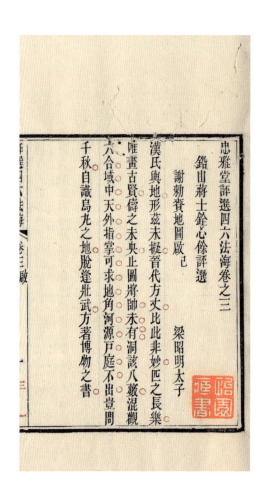

　　蔣士銓（1725—1785），字心餘、苕生，號藏園、清容居士，晚年號定甫，江西鉛山人，清代戲曲家、文學家。

　　本書是對晚明王志堅《四六法海》的再次選評，全書分孝、悌、忠、信、禮、義、廉、恥八本。收文二百八十八篇，分三十六類，以天干爲序劃作十級。雖言評選自《四六法海》，然其選文分布與原書多不相稱，蔣氏不僅品評鑒賞文章，更具對駢文源流、作法和藝術風格的見解，如其奉曹丕爲"四六初祖"，極力推崇六朝之文，而貶抑"唐音宋調"，於"宋調"則貶抑尤甚，可見其強烈的文學史觀照。

# 中外衛生要旨五卷

（清）鄭官應輯　清光緒十六年（1890）刻本　五冊

書高24.2厘米，廣14.5厘米。半葉十行，行二十五字，白口，單黑魚尾，四周雙邊。

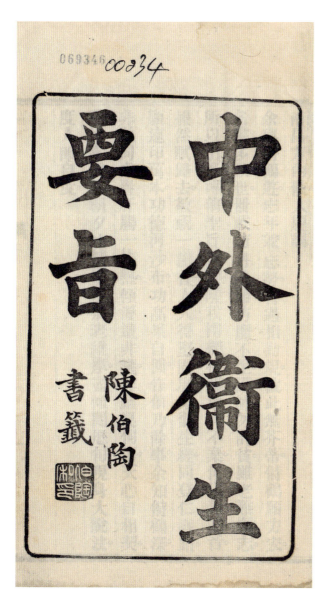

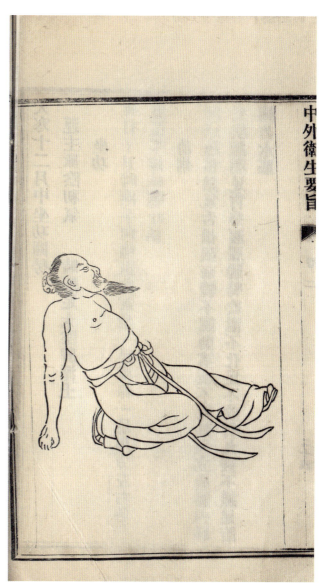

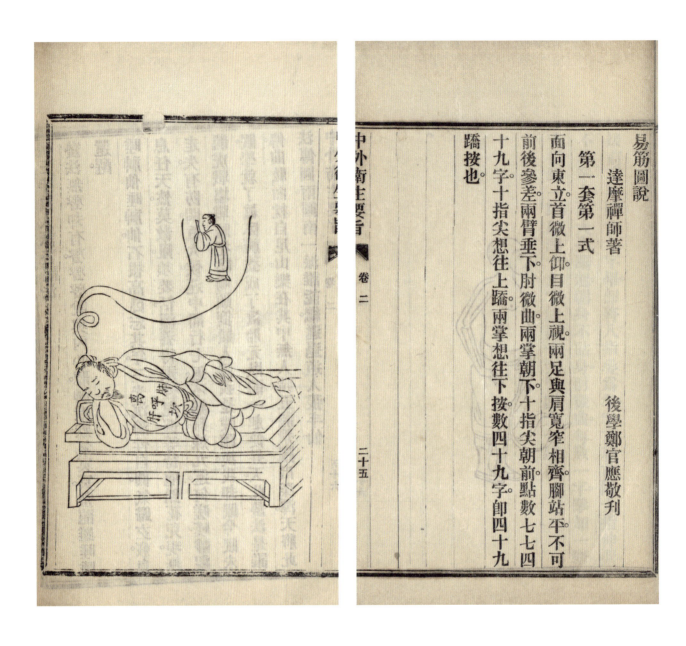

易筋圖說

達摩禪師著　　　　　　　　　　　後學鄭官應敬刊

第一套第一式

面向東立首微上仰目微上視兩足與肩寬窄相齊腳站平不可

前後參差兩臂垂下肘微曲兩掌朝下十指尖朝前點數七七四

十九字十指尖想往上蹺兩掌想往下接數四十九字卽四十九

蹺接也

中外衛生要旨　卷二　　二十五

　　鄭官應（1842—1921），字正翔，號陶齋，別號杞憂生，晚年自號羅浮偫鶴山人，廣東香山
（今廣東中山）人。

　　本書爲養生學彙編，共五卷，前三卷爲國內養生保健資料，除輯録文史、佛、道諸書養生論
述外，合刊了《易筋圖說》《八段錦坐功圖》《真人咏蟄龍法》《六字延壽訣》等有關養生、導引
之書；後二卷爲國外部分，有《泰西衛生要旨》及其補充資料。該書不僅繼承了中國傳統養生的精
髓，同時也介紹了近代西方衛生保健知識，宣傳了西醫有關生理衛生的理論及新式生活方式。

## 背面穴道圖

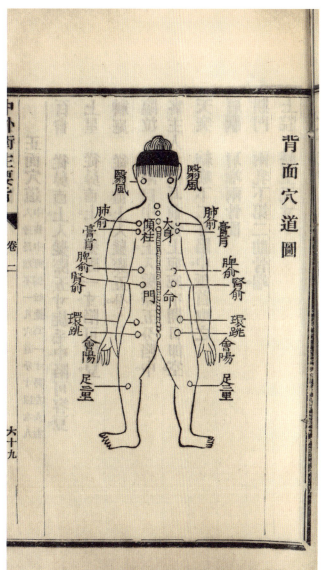

## 正面穴道圖

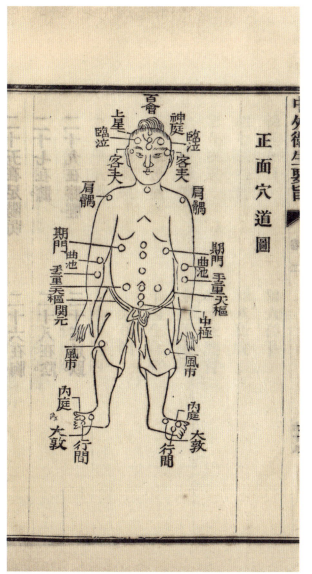

## 六醴齋醫書十種

（清）程永培編　清光緒十七年（1891）廣州儒雅堂刻本　二十四冊

書高22.8厘米，廣13.9厘米。半葉八行，行十九字，白口，單黑魚尾，左右雙邊。

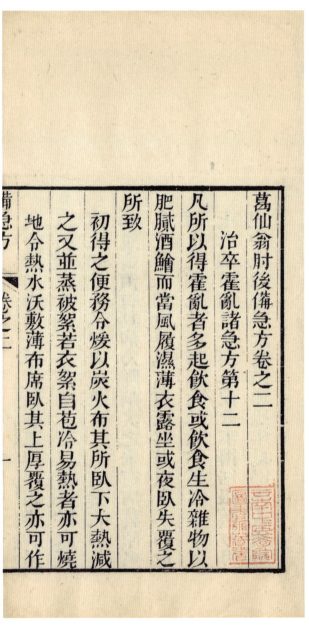

從腹腸出為瀉從瘡口出為水痰盡死精竭死汗枯

死瀉極死從瘡口出不止乾卽死至于血充目則

視明充耳則聽聽充四肢則舉動強充肌膚則身

色白漬則黑去則黃夘熱則赤內熱則上蒸喉下

燕大腸為小竅喉有竅則咳血殺人腸有竅則便

血殺人便血猶可止咳血不易醫喉不停物毫髮

必咳血滲入喉愈滲愈咳咳愈滲欲溲溺則百不一

死服寒凉則百不一生血雖陰類運之者其和陽

褚氏遺書　五

後人者非至神乎體俗長者脉踈形侏儒者脉麤

肥人如沉而正沉者愈沉瘦人如浮而正浮者愈

浮未燭斯理易愈眾疾表裏多名呼吸定至抑皆

末也世俗並傳茲得略云耳

津潤

天地定位而水位平中天地通氣而水氣蒸達土

潤膏滋雲與雨降而百物生化人肖天地亦有水

焉在上為痰伏皮為血在下為精從毛竅出為汗

程永培，字瘦樵，江蘇元和（今江蘇蘇州）人。

全書彙輯了南齊褚澄《褚氏遺書》、晋代葛洪《肘後備急方》、唐代王冰《元和紀用經》、宋代沈括《蘇沈內翰良方》、元代葛可久《十藥神書》、明代胡嗣廉《加減靈秘十八方》、明代韓懋《韓氏醫通》、明代朱惠明《痘疹傳心錄》、明代黃承昊《折肱漫錄》和明代胡慎柔《慎柔五書》十部醫學著作的內容。

# 吕祖醫道還元九卷附奇症新方一卷

清光緒二十年（1894）廣州享記印務局刻本　四冊

書高25.1厘米，廣16厘米。半葉九行，行二十字，小字雙行同，下黑口，單黑魚尾，四周單邊。

醫道還元　卷三　詳解

藥之微妙自覺熟悉症逆憑非盡藥可幾實而粗以進其機相分之機宜有中妙之理實運心而過法之一則分一分之愈精熟者皆由巧法所以然者可用可不乖而法所由走守之無乖走我用以不乖而法必所累愈得當故之懼走守二字即驅補二字之意也惟其走既能調以和而不為法必所累愈得當故走守並行亦依然當其可

故速也剛速應者不至過用之藥品加以調停使不至剛不可過折故按其所用之藥務協平中和非謂不剛不可呂真人曰何謂調之使和承上文凡木德之所權任太速者恐易為之權用太速者恐不能勝任太速者恐易為之所權用一心措施自然各當審機宜於百味熟悉乃無妄投調之使和無乖走守巧而不悖常計盈虛運妙法於安頓水以滋生尤藉土以生生補因木雖樹上無花木卽此義也一節言喻乎血木之秘法必細量乎土而成林卽借以救民而反害旁經云木非土不成林亦殊民民者卽借以救民而反害秘民也故謂之權太重土不和合非致血流欲生血而反害血猶之大帥欲救民而反害旁安固故也學者靜究之

該書真實作者不詳，是一部托名呂洞賓所著的道醫著作，共有九卷。卷一脈理奧旨總論；卷二症候源流總論；卷三藥法闡微總論；卷四天地心總論；卷五五氣心法總論；卷六五礙心印總論；卷七性命洞源總論；卷八修性復命總論；卷九真體圓成總論。卷三首頁蓋有"羅炳文代先父羅慶邦敬送"印章。

# 增訂胎產心法四卷

（明）趙獻可撰　（清）沈秉炎增訂　清刻本　四冊
書高16.6厘米，廣11.4厘米。半葉九行，行二十二字，白口，單黑魚尾，四周雙邊。

右頁：

增訂胎產心法《卷二》

用六君子湯或加腹皮車前又專治肢體如水氣之證亦
有用加味五皮湯治子腫之甚者
所謂子氣者姙娠自三月成胎之後兩足面漸腫至腿膝
或腰以下腫行步艱難以致喘悶不寧飲食不美似水氣
狀甚至脚指間有黃水出者益脾至四肢脾氣虛弱不能
制水而發腫肺金少母氣滋養而氣促滿悶諸書名曰子
氣卽水氣俗名皺脚治此病者先服加味天仙藤散如不
效則服茯苓湯再不效服補中益氣湯加茯苓若飲食失
〔右〕區土世爲六君子湯或加炮薑木香附藕醒脾肺氣滯

左頁：

增訂胎產心法《卷二》
子腫子氣子滿論寫

服鯉魚湯三五劑大小便皆下惡水腫消脹去遂下死胎
五皮亦有用束胎飲以治子滿證甚效〇曾有姙娠腹脹
服千金鯉魚湯治其水如脾虛不運滿濁不分佐以四君
水不利若不早治生子手足軟短有疾甚致胎死腹中宜
身浮腫胸脅不分氣逆不安小便艱澀名曰子滿又爲胎
所謂子滿者姙娠至五六個月胸腹急脹腹大異常或遍
月經腿俱腫非水氣比不可以水氣治之反傷正氣凡有
此者必易產因胞臟中水血俱多不致胎燥也
加味歸脾湯佐以加味逍遙散或紫蘇飲至孕婦八九個

---

趙獻可（1573—1664），字養葵，自號醫巫閭子，浙江鄞縣（今浙江寧波）人，明代溫補學派代表醫家。

本書醫理多以歌訣的形式，闡釋了婦人從胎孕到臨產各階段的生理狀況，產後諸證的病因病機和理法方藥，背誦記憶較爲方便。

# 温病條辨六卷

（清）吳瑭著　清光緒二十一年（1895）學庫山房刻本　四冊

書高25.5厘米，廣14.6厘米。半葉八行，行二十字，小字雙行不等，白口，單黑魚尾，左右雙邊。

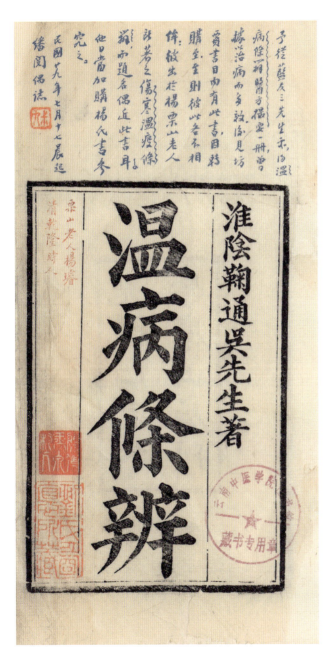

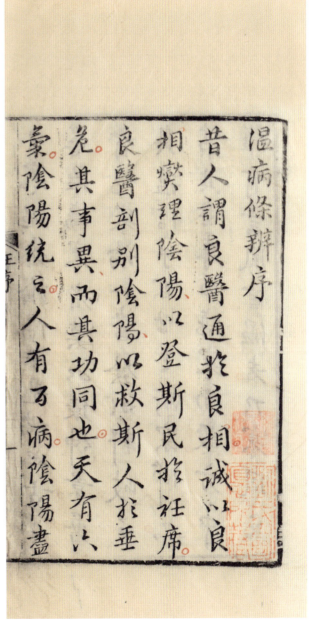

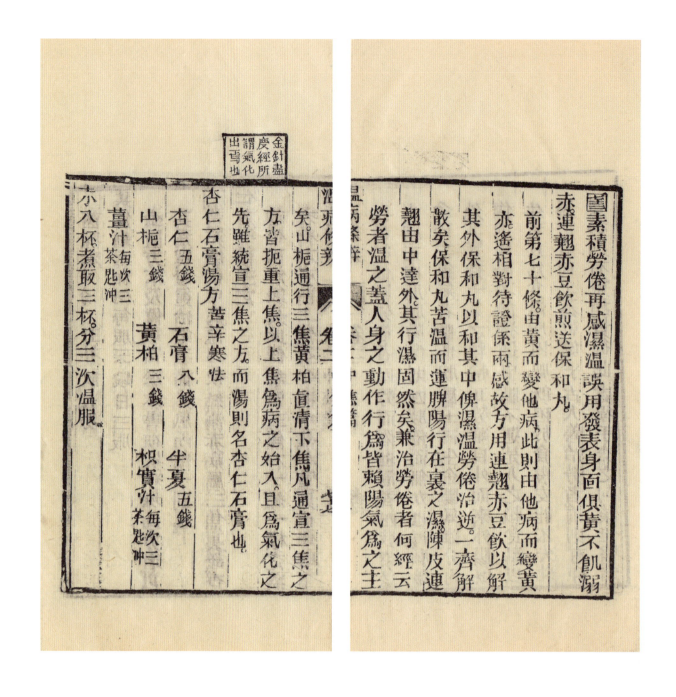

吳瑭（1758—1836），字鞠通，江蘇淮陰（今江蘇淮安）人，温病學派代表人物之一。

　　吳瑭十九歲時父親因病而逝，自此弃舉子業，刻苦鑽研醫術。乾隆五十八年（1793），北京瘟疫流行，吳瑭一展身手，救治瘟疫病人療效顯著。吳瑭勤習歷代著名醫家著作，結合自身診治經驗，著成《温病條辨》，中醫經典名方銀翹散、桑菊飲、三仁湯等均出自此書。《温病條辨》是清代温病學説標志性專著，創立了温病學説體系及三焦辨證綱領，爲温病的診治作出了巨大的貢獻，被後世奉爲中醫“四大經典”之一。

# 中西醫解解四卷

（清）唐宗海著　　（清）葉霖補釋　清光緒二十二年（1896）曝腹軒主人抄本　四冊

書高19.1厘米，廣11.3厘米，半葉九行，行二十二字

舌多無苔而多白沫次則白涎白滑再次則白屑白
疱有舌中舌尖舌根之不同是寒邪入經之徵甚也
夫肺主氣候衛分之表邪風寒先入皮毛內應
乎肺太陽主一身之表故肺家之邪即可以候太陽
之表仲景麻黃湯亦瀉肺分之邪也溫邪初感發熱
而微惡寒舌苔白而潤而薄者邪在衛分不惡寒而
發熱舌苔白而厚或黃乾則邪已到氣分若寒邪過
衛入營或溫邪吸受竟入營分必有脈數舌絳而燥
之形證其寒溫之邪漸次傳入胃腑與糟粕搏結則

中西醫解卷四

西蜀唐宗海容川手著

古邧葉　霖子雨補釋

望形察色

形是肢體色是面部此理最微較診脈更難今且學其
大畧使人得其門徑
以五色命臟青為肝赤為心白為肺黃為脾黑為腎肝合
筋心合脈肺合皮脾合肉腎合骨也
言五色命於五臟每臟各見本色便知其病各臟又各

---

唐宗海（1847—1897），字容川，四川彭縣人。清代著名醫家，“中西醫匯通派”創始人之一。

　　是書又名《中西醫解》。除論述中醫理論外，還闡述了西醫解剖學知識。唐宗海認爲西醫在生理、解剖等方面有其獨到之處，而中醫則在整體觀念和辨證施治方面有着深厚的底蘊，兩者應當結合起來。故而《中西醫解》係一部清代探索中西醫結合之路的重要著作。

# 補註銅人腧穴鍼灸圖經五卷

（宋）王惟一編修　清光緒二十三年（1897）石印本　二册

書高20.1厘米，廣13.5厘米。半葉十行，行二十字，小字雙行同，上下黑口，雙黑魚尾，左右雙邊。

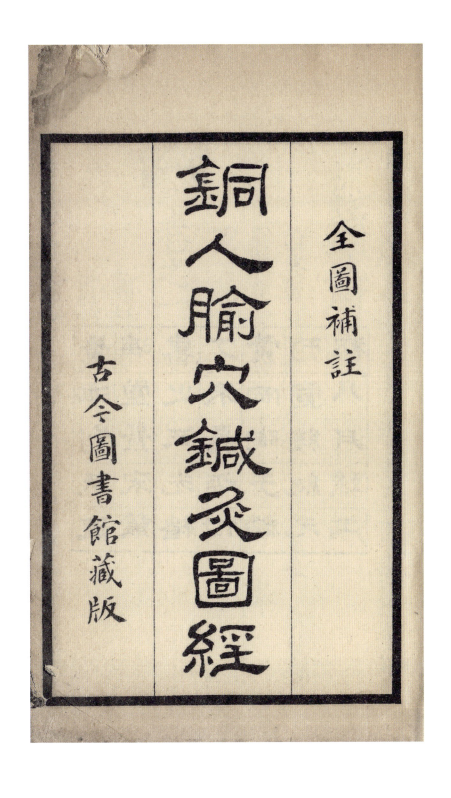

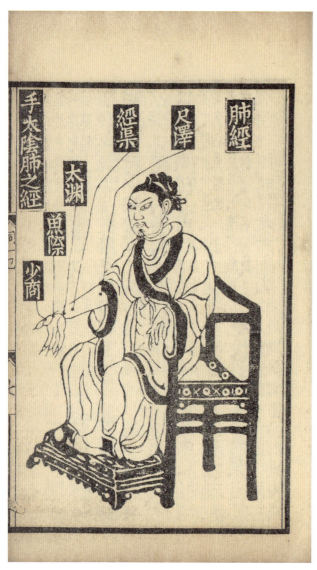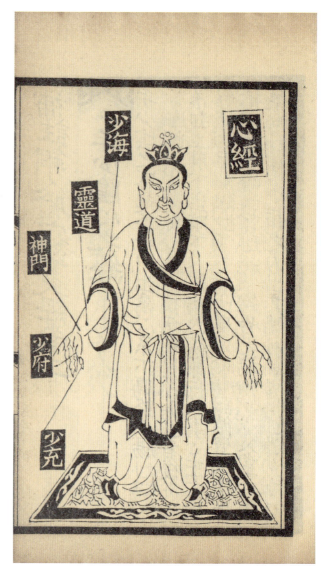

王惟一，又名王惟德，宋代針灸學家。

　　本書主要闡釋針灸銅人之經絡腧穴，配以圖文，故以
"圖經"命名。本書集成了古代針灸之系統理論，共載穴名
三百五十四個，是中醫針灸史上一部具有里程碑意義的著作。

風府　亦不可妄灸令人失瘖

一穴一名舌本在項髮際上一寸大筋內宛〈
中疾三其肉立起言休立下督脉陽維之會禁
不可灸不幸使人失瘖治頭痛頸急不得回顧
目眩鼻衂喉咽痛狂走目妄視鍼入三分

瘂門　一穴一作瘖一名舌橫一名舌厭在項中央入
髮際五分宛〈中督脉陽維之會入繫舌本仰
頭取之禁不可灸〈之令人瘂治頸項強舌緩
不能言諸陽熱氣盛鼻衂血不止頭痛風汗不
出寒熱風痙脊強反折瘈瘲癲疾頭重鍼入二分

偃伏第二行左右凡十四穴

曲差　二穴在神庭傍一寸五分入髮際足太陽脉氣
所發治心中煩痛汗不出頭項痛身體煩熱目
視不明鍼入二分可灸三壯

五處　二穴在上星傍一寸五分足太陽脉氣所發治
目不明頭風目眩瘈瘲目戴上不識人鍼入三
分留七呼可灸三壯

承光　二穴在五處後一寸五分足太陽脉氣所發治
鼻塞不聞香臭口喎鼻多清涕風眩頭痛嘔吐

〈同三〉

〈十六〉

# 舌鑑辨正二卷

（清）梁玉瑜傳　　（清）陶保廉録　清光緒三十一年（1905）滇黔節署刻本　二册

書高24.1厘米，廣14.6厘米。半葉十行，行二十二字，小字雙行同，白口，單黑魚尾，四周雙邊。

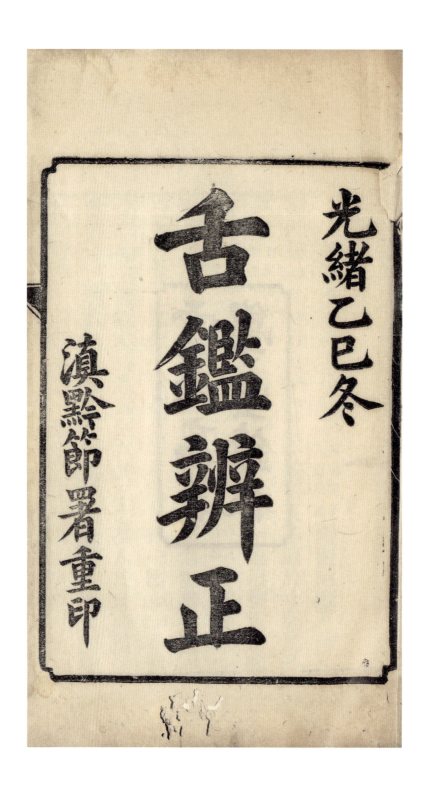

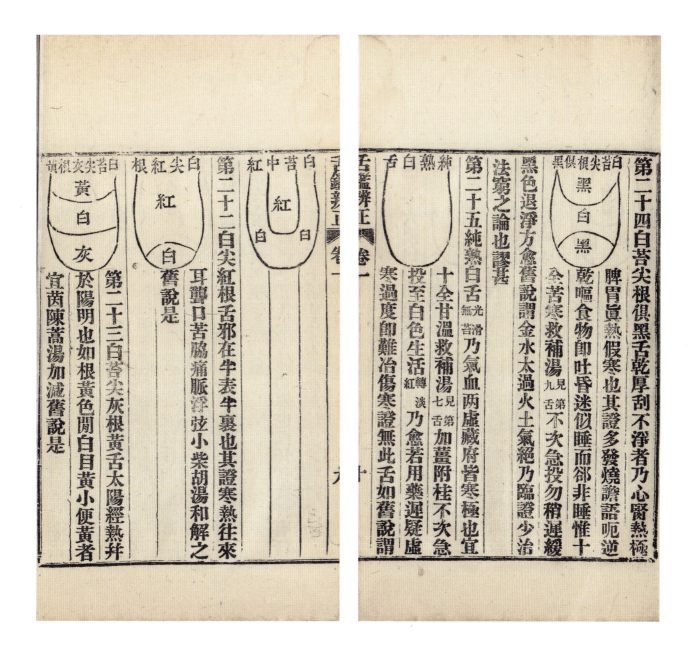

梁玉瑜，名特岩，廣東茂名人。清代醫家，精研家傳醫術，尤以舌診見長。
陶保廉，字拙存，別署淡庵居士，浙江秀水（今浙江嘉興）人。

本書圖文并茂，卷首繪有全舌分經圖，上卷分論白舌、黃舌和黑舌，下卷分論灰舌、紅舌、紫舌、黴醬舌、藍舌和妊娠傷寒舌，共九類舌證。書中分條繪製各類舌圖，詳記一百四十九種舌證具體形態、色澤，并述辨證、治則、用藥方法，形成了一套完整的辨舌診療體系，是清代中醫舌診之重要著作。

# 御纂醫宗金鑑九十卷

（清）吳謙　（清）劉裕鐸撰　清光緒三十二年（1906）有益齋石印本　二十冊

書高20.1厘米，廣13.1厘米。半葉二十行，行四十二字，小字雙行同，白口，單黑魚尾，四周雙邊。

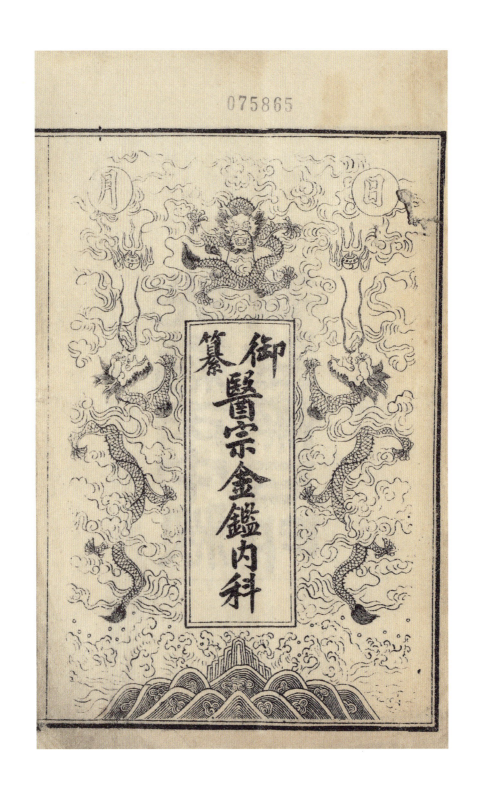

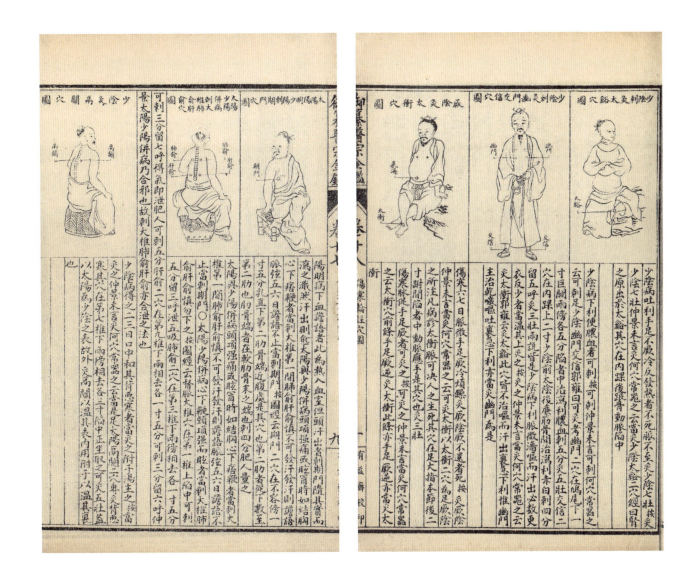

吴謙，字文吉，清安徽歙縣人，宮廷御醫。

劉裕鐸，字鋪仁，清雍正乾隆年間御醫。

　　該書是清乾隆皇帝敕命吴謙等編纂的官修大型綜合性醫學教科書，書名爲乾隆皇帝欽定，歷時三年編撰完成。全書共九十卷，收錄醫書十五種。書中對中醫辨證、診斷、經絡、脈象、針灸、運氣等學說加以論述，并對内外、婦幼、正骨等有詳盡解説。是書圖、説、方、論俱備，并附有歌訣，便於記憶，尤其切合臨床實用，流傳極爲廣泛。

# 補圖本草備要五卷

（清）汪昂撰　清光緒三十三年（1907）上海同文書局石印本　二冊
書高20.4厘米，廣13.4厘米。半葉行字不等，小字雙行同，上黑口，單黑魚尾，四周雙邊。

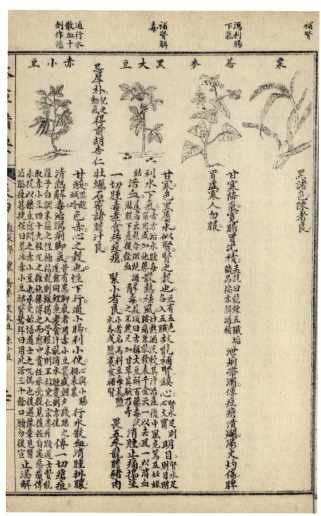

汪昂（1615—1694），字訒菴，明末清初安徽休寧（今安徽黃山）西門人。

本書論藥共分列八部，草部藥一百九十一種，木部藥八十三種，果部藥三十一種，穀菜部藥四十種，金石水土部藥五十八種，禽獸部藥二十五種，鱗介魚蟲部藥四十一種，人部藥九種，共計四百七十八種。每藥先辨其氣、味、形、色，次述所從經絡、功用、主治。

# 删註脉訣規正二卷

（清）沈鏡删注　清光緒三十四年（1908）儒興堂刻本　一册

書高23.8厘米，廣15.2厘米。半葉十行，行二十四字，小字雙行同，白口，單黑魚尾，四周單邊。

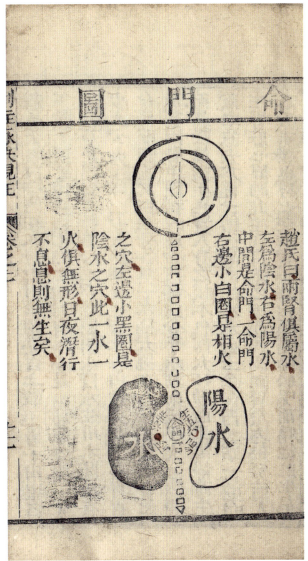

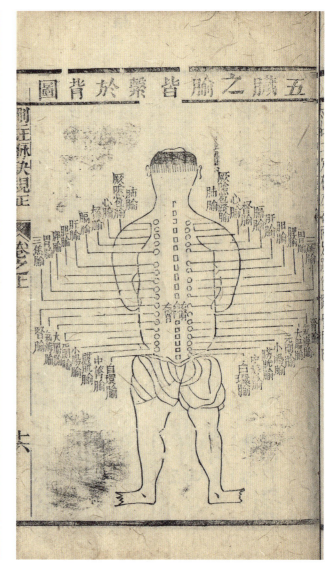

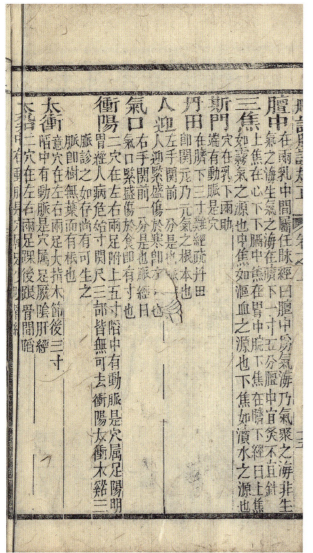

沈鏡，字微垣，號中和主人，清代醫家。

　　本書爲光緒三十四年儒興堂刻本，據高陽生《脉訣》予以删訂加注，并繪製圖表以明晰經旨。全書二卷，上卷補入内景真傳圖説、臟腑十二官、四時五臟平脉、邪脉圖、背部五臟之腧圖説等，并采集《内經》《難經》及諸家精粹加以注解；下卷摘録《瀕湖脉學》、奇經八脉脉病歌、婦人脉、小兒脉及常見危重脉象，另附小兒面部圖及小兒虎口三關脉圖，并述及色診、聞診與脉診相參的臨床意義等。

# 南雅堂醫書全集四十八種

（清）陳念祖著　清光緒三十四年（1908）石印本　二十三冊

書高20厘米，廣13.3厘米，半葉二十行，行四十五字，小字雙行同，白口，四周雙邊

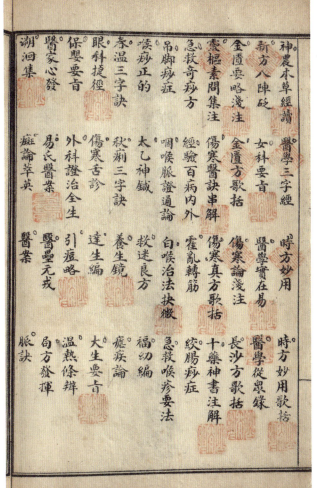

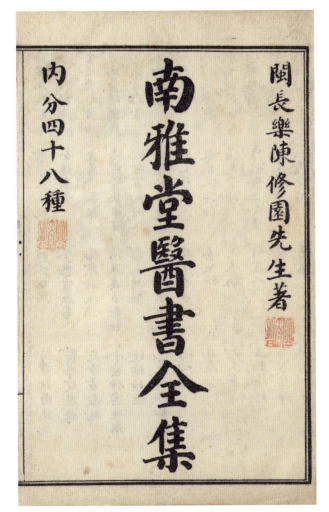

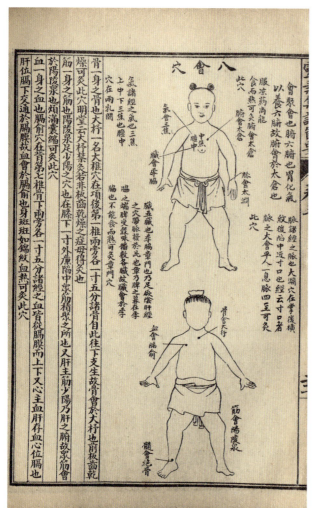

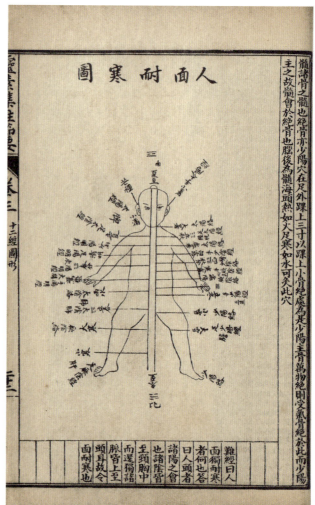

陳念祖（1753—1823），字良有、修園，號慎修，福建長樂（今福建福州長樂區）人。

陳念祖尤爲推崇中醫經典著作，他強調"夫醫家之於《内經》，猶儒家之於四書也。日月江河，萬古不廢"。陳念祖主張學習中醫"深入淺出，返博爲約""由淺入深，從簡及繁"，致力於中醫理論之通俗化。該書圖文并茂，通俗易懂，比較實用。

清・宣統

# 雷公炮製藥性解六卷

（明）李中梓撰　　（清）濮禮儀校　　清宣統二年（1910）石印本　　存二冊

書高19.9厘米，廣13.3厘米。半葉十六行，行四十字，小字雙行同，白口，單黑魚尾，四周雙邊。

雷公炮製藥性解

雲間李中梓仕材編輯　金陵鳳笙濮禮儀重校

金石部

金銀箔味辛性平有毒入心肺二經主安心神定驚悸鎮癲狂除邪熱○按金銀之入肺部固其類也其
性沉重能制水臟之輕揚故亦入心經過服必中其毒以鷹鴟肉解之

黃丹味辛性微寒有毒不載經絡主吐逆癲狂止痛生肌○按黃丹乃熬鉛所作鉛本水中之金最能制
火癲狂等症何者非火而有不瘳者乎

胡粉味辛性寒無毒不載經絡主一切癰腫諸毒及腐爛肉殺三蟲破癥結○按胡粉一名粉錫實亦化
鉛所作能破結殺蟲者其亦鎮墜之功歟

銅青味苦性平有微毒不載經絡主斂金瘡淘眼暗止血殺蟲能去腐肉○按銅青卽銅綠本醋沃銅
上而得其精華醋能收斂故斂瘡止血其去腐肉者亦醋之功眼乃肝竅眼之不明肝之病也得金之
綢以制木而目之暗者從此明矣

鐵漿味甘澀性平無毒入心肺二經主癲癇狂解諸毒入腹蛇犬咬傷鎮心神明眼目堪洗漆瘡隨手
而愈鐵鏽醋調之可敷惡瘡疥瘡蒜磨敷蜘蛛咬傷　按鐵漿卽浸鐵色青可染皂者質本金也宜歸
肺部性本沉也宜鎮心家明目治漆皆由伐木之功則鐵鏽可敷瘡毒亦以發在外者有散之義歟

水銀味辛性寒有毒不載經絡主疹瘻痂瘍白禿及膚殺蟲蝨墮胎絕孕解金銀銅錫毒鎔化還復爲丹

雷公藥性解　金石部

一

## 右頁（草部上·十一）

雷公藥性解　草部上

之損腎燥去毛鹽酒炒用○按知母入腎為生水之劑水盛則火熄所謂壯水之主以制陽光也以口渴
乾欬眼花目眩便赤腰痛得勞煩躁不眠此皆陽盛陰衰之症服之皆愈若肺家寒嗽及腎氣虛脫無
火者禁用

雷公云凡使揀勿令犯鐵器○行經上㕮咀酒炒用

貝母味辛苦性微寒無毒入心肺二經清心潤肺止嗽消痰主胸腹氣逆傷寒煩熱淋瀝疝瘕喉痹金瘡
人面瘡瘤癭諸惡瘡去心研用厚朴白薇為使惡桃花畏秦艽礬石莽草反烏頭
○按貝母辛走肺苦
走心善能散鬱瀉火故治胸腹云云等疾

雷公云凡使先於柳木灰中炮令黃𥗭破去內口鼻上有米許大者心一小顆後拌糯米於鍋中
黃精小藍汁服之立解

黃連味苦性寒無毒入心經主心火炎目疾暴發瘡紅腫痛惡瘡解毒收口去翳明目調經安脆中
者有下行之理故入大腸諸經性甚寒苟無實火不宜用之

胱山茱萸龍骨為使惡菊花芫花玄參白蘚皮白殭蠶畏款冬花解巴豆烏頭
枯而飄者瀉肺火消痰利氣除風溼留熱於肌表細實而堅者瀉大腸火養陰退陽滋化源於勝

黃芩味苦性寒無毒入大腸膀胱膽四經主崩淋熱疸痛痢惡瘡解毒安脆中
悸煩躁蹻天行熱疾黃骨連翹滑石為使惡蔥實丹參畏丹砂牡丹藜蘆○按黃芩枯飄者有上升之象故入肺堅實

毒忌豬肉冷水○按黃連味苦瀉心治心火諸病不可缺瀉痢雖屬脾經正由火況心與小

## 左頁（草部上·十二）

知母味苦性寒無毒入腎經瀉無根之腎火療有汗之骨蒸止虛勞之陽勝滋化源之陰生勿犯鐵器犯

雷公云凡使揀於槐砧上細剉用後蒸又出令乾勿令犯鐵令人腎消并白髮男損榮衛女損經絡

惱腎生骨故人之精血既足則脛股臍腹之症自愈耳目聰明髭髮黑其色也

地黃為補血之劑而心與肝藏血生血者也故能入為其色黑其性沉陰定魄傷寒後脛股最痛○按熟

臍腹難禁利耳目烏髭髮治五勞七傷能安魂定魄使忘忌畏同生地性尤泥滯薑酒浸者

熱地黃味甘苦性溫無毒入心肝腎三經活血氣封填骨髓滋腎水補益真陰傷寒後脛股最痛○按熟

生地黃味甘苦性寒無毒入心肝脾肺四經涼心火之煩熱瀉脾土之溼熱除肝木之血
熱忌見鐵器當歸為使得酒良惡貝母畏蕪荑𧄍子○按生地黃總是涼血之劑故入四經以
清諸熱老人津枯便結婦人崩漏及產後血攻心者尤為要藥實脾藥中用二三分使脾家永不受邪
血虛寒者忌之

雷公云凡採得後於日中曬乾以竹刀刮去粗皮并頭

後宜酌用之惡酸棗仁生地者煨用而痛刺者炒用

肝邪則血自生而病自已今竟稱其補血之效而忘其用可耶新產

土極似木之象也經曰治病必求於本也肝疾與婦人諸症皆血之病得之以伐

○按白芍酸走肝故能瀉木中之火凡怒受傷之症得之皆愈積聚腹痛難產之病然往亢而承制

安脆赤者專主破血利小便除熱明眼目雷丸為藥沒藥得之使惡石斛艽硝畏硝石鱉甲小薊反藜蘆

---

李中梓（1588—1655），字士材，號念莪，又號盡凡，明末清初著名醫學家。

本書係明代錢允治在李中梓《藥性解》基礎上，摘取《雷公炮炙論》若干條文補充訂正后，將書名更改為《雷公炮製藥性解》。館藏為清代濮禮儀重校版本。全書分列金石、果、穀、草、木、菜、人、禽獸、蟲魚九部，共收載了三百三十餘種常用中藥。對藥物之四氣五味、升降浮沉、性味歸經、有毒無毒、功效主治、使用宜忌、真偽辨別及炮製方法等作了詳盡闡述。

# 寓意草不分卷

（清）喻昌著　清竹秀山房刻本　一冊
書高18.6厘米，廣12厘米。半葉十行，行二十四字，白口，單黑魚尾，左右雙邊。

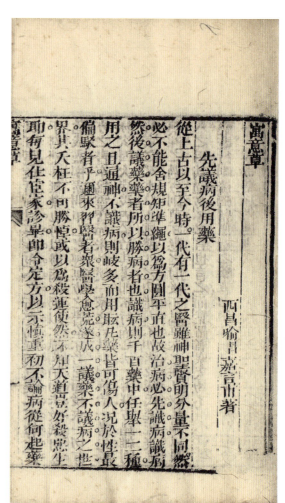

喻昌（1585—1664），字嘉言，號西昌老人，江西新建（今江西南昌）人。

　　本書館藏爲清竹秀山房刻本，全書不分卷，前有醫論二篇，強調"先議病，後用藥"，并製定了議病格式，開創議病之先河。本書是一部醫案著作，收錄以內科雜病爲主的疑難病案六十餘則，選案典型，記述完備，分析精當，辨證準確，善用古方，尊古而不泥古，用藥靈活，見解獨特，發揮頗多。

# 外科大成四卷

（清）祁坤輯注　清掃葉山房石印本　四冊

書高20厘米，廣13.5厘米。半葉十八行，行四十字，小字雙行同，白口，單黑魚尾，四周雙邊。

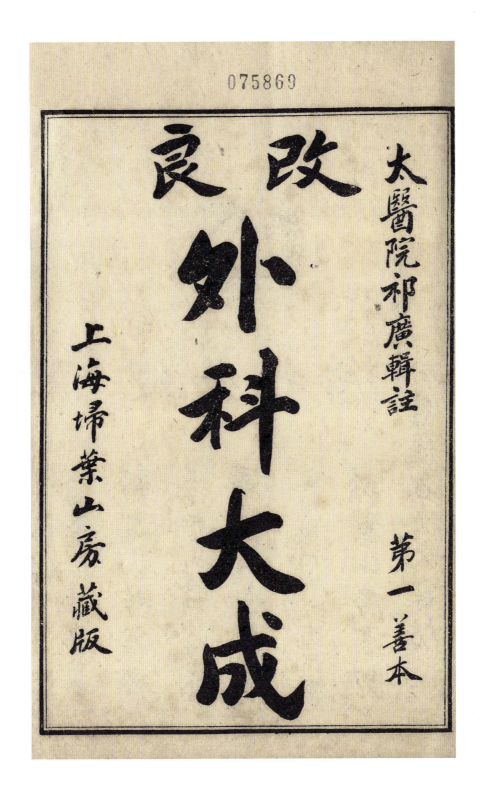

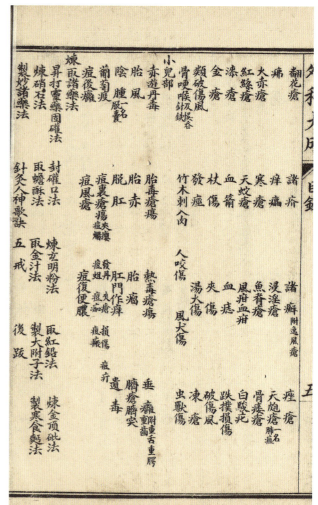

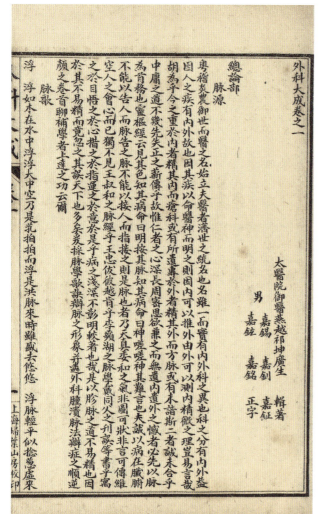

祁坤，字廣生，號愧庵，別號生陽子，浙江山陰（今浙江紹興）人。

　　是書作者參《素問》《靈樞》之奧旨，集先古名醫之確論而彙成，共四卷。卷一總論瘡瘍等病診治要點和常用方；卷二至三爲分治部，按頭面、頸項、腰背、胸腹等身體部位分述多種外科病證之證治，間附驗案；卷四列述不分部位（全身性）之大毒、小疵及小兒痘毒證治。清代官修的《醫宗金鑑·外科心法要訣》即以此書爲藍本。

# 重訂幼幼集成六卷

（清）陳復正輯　（清）劉一勸校　（清）周宗頤參　清溪堂軒刻本　六冊

書高23.7厘米，廣15.5厘米。半葉十二行，行二十五字，下黑口，單黑魚尾，四周雙邊。

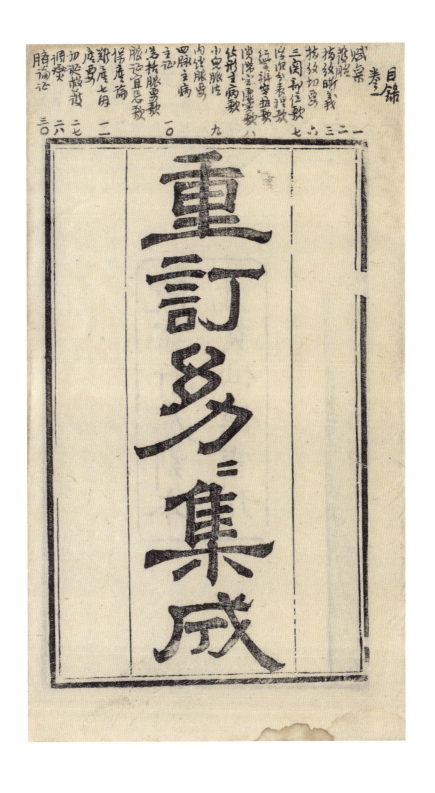

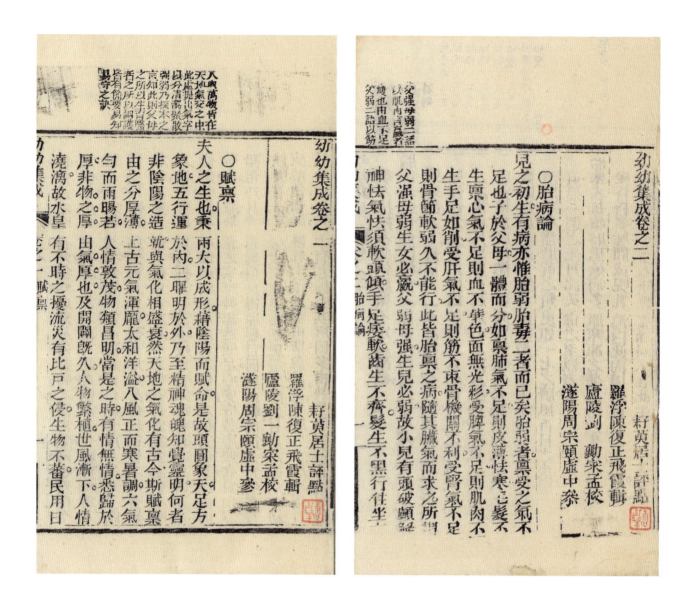

陳復正，字飛霞，廣東惠州人，清代兒科醫學家。

　　本書爲兒科專著，共六卷。卷一論述兒科中關於指紋、脉法及保産、調護、變蒸等内容；卷二至四爲兒科主要疾病及雜症、瘡瘍的辨證施治；卷五至六介紹經陳複正增删的《萬氏痘麻》歌賦一百七十餘首，附方一百三十餘首。陳復正不僅收集了前代兒科文獻，還收録了民間醫療經驗，"存其精要，辨其是非"，醫論簡明，結合自身多年臨證經驗彙集著成，故書名曰"集成"。

# 徹膽八編內鏡二卷

（清）劉思敬輯　清刻本　二冊

書高23.3厘米，廣14.9厘米。半葉八行，行二十字，小字雙行同，白口，單白魚尾，四周雙邊。

華陀爲曹瞞所害青囊秘書僅存內照圖一編久藏
秘府世罕見焉長葛禹益之避兵漢上得之包洪道
家又復見於宋人楊分存藏書中其圖有人身正面
背面側面咽門大小腸命門等形已載醫譜及養生
家皆能傳之余取其肺側心氣氣海膈膜三圖繪臟
腑懸繫之狀㨟然見諸臟僅一系相通耳世人愛惡
攻取其爲斧斤熾炭者何限又豈止二鼠侵藤之苦
哉奚怪暴病殺身年命夭折者多也爰存三圖

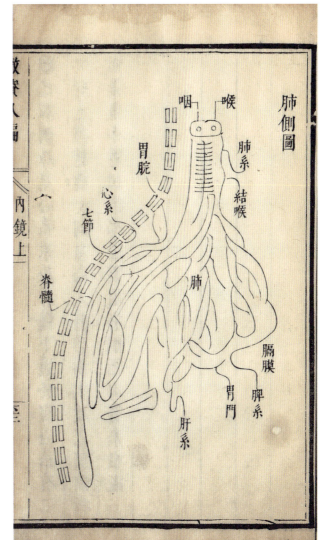

肺側圖

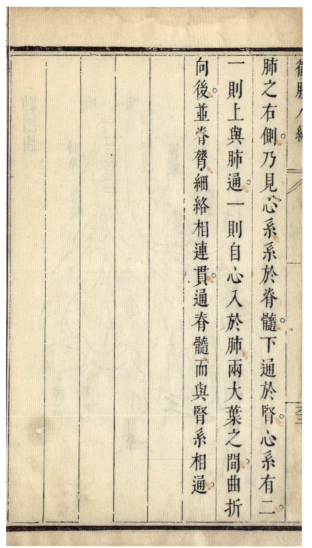

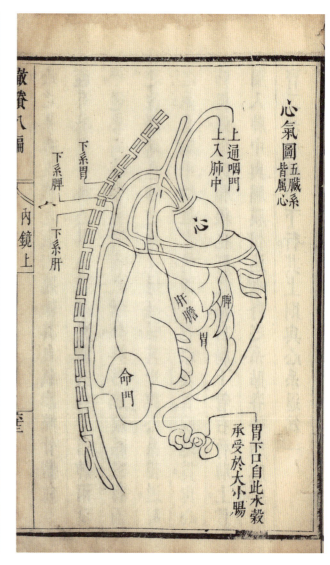

劉思敬，字覺岸，號碧幢山隱。

　　全書共二卷，是一部基礎理論類中醫文獻，主要介紹敬身格言、四大爲身論、頭面臟腑形色觀、奇經八脉、五運六氣標本説、考證及取鑒等内容，皆爲平人調護身心之法則。書中還記載了一些古代醫家對身體解剖結構的認識，對督脉、任脉、冲脉等經脉學、氣之學的一些醫學實踐也做了詳細的介紹，繪圖簡明直白，通俗易懂。

觀膈膜之上心肺系焉膈膜之下肝腸脾胃系焉夫

一系之聯絡能幾何而七情六欲風寒燥濕競起而

傷之斷此一絲而臟絕矣盧扁無所施矣智者三復

之

合觀肺側圖則知臟腑如懸囊觀心氣圖則知

靈府如孤汪觀氣海圖則知羅胸如碧落欲不慎諸

烏得而不慎諸

河車逆流圖

崑崙

雙關

气海

尾閭